I0135358

La Logique

Chez L'enfant

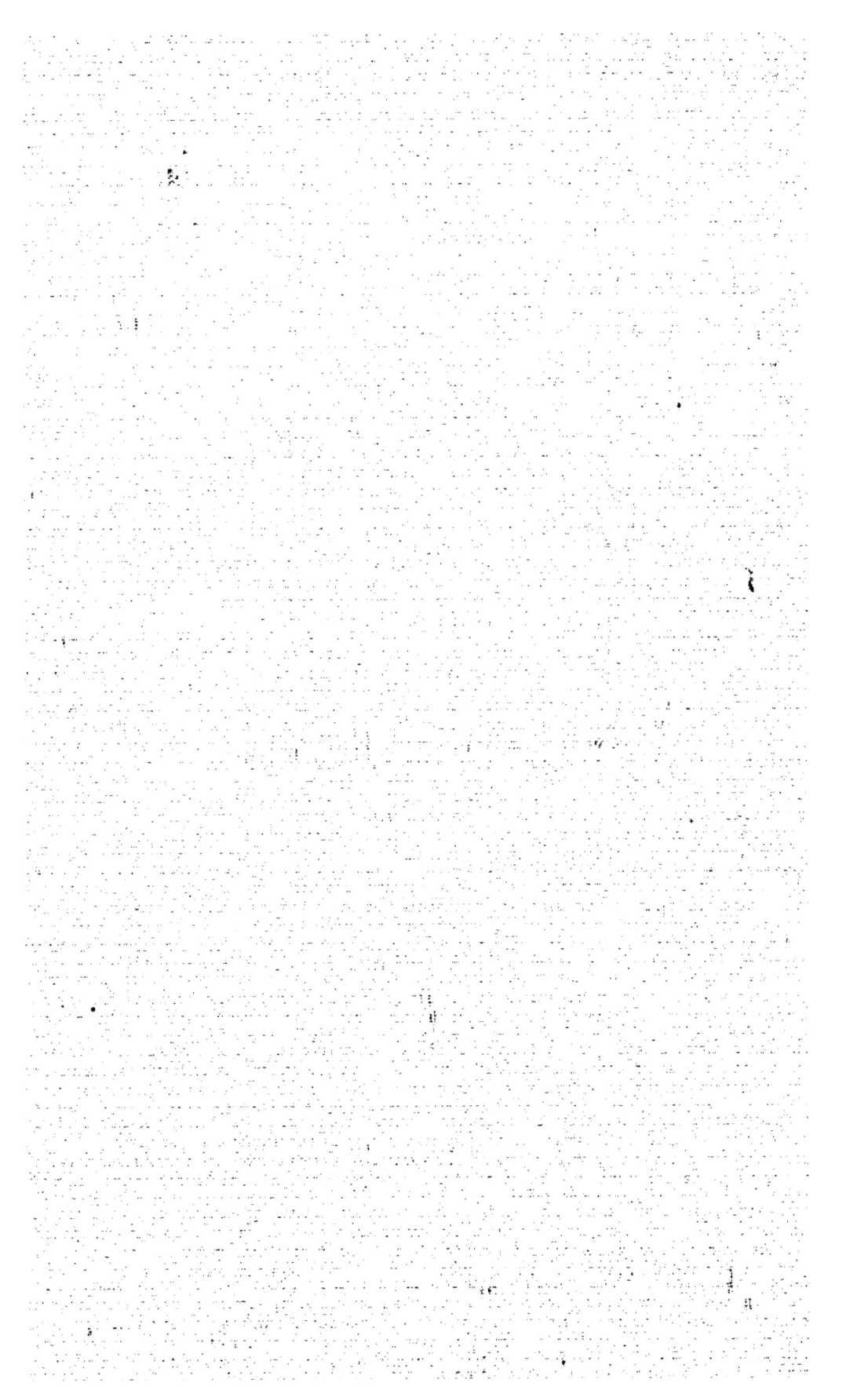

LA LOGIQUE CHEZ L'ENFANT
ET SA CULTURE

R.F.

8° R

18474

LIBRAIRIE FÉLIX ALCAN

DU MÊME AUTEUR

L'Imagination et ses variétés chez l'enfant, étude de psychologie expérimentale appliquée à l'éducation intellectuelle, 2ᵉ éd., revue. Un vol. in-12 de la *Bibliothèque de philosophie contemporaine* (1896).   2 fr. 50

L'Abstraction et son rôle dans l'éducation intellectuelle, étude de psychologie appliquée. Un vol. in-12 de la *Bibliothèque de philosophie contemporaine* (1895). . . . . 2 fr. 50

Les Caractères et l'éducation morale, étude de psychologie appliquée, 2ᵉ édition, revue. Un vol. in-12 de la *Bibliothèque de philosophie contemporaine* (1901) . . . . 2 fr. 50

LA
LOGIQUE CHEZ L'ENFANT

ET SA CULTURE

ÉTUDE DE PSYCHOLOGIE APPLIQUÉE

PAR

FRÉDÉRIC QUEYRAT

Professeur de philosophie au collège de Mauriac

« Le raisonnement, qui est la plus haute et la plus importante faculté de l'esprit, mérite les plus grands soins et doit être cultivé avec attention, puisque le développement régulier, l'exercice de la raison, est la perfection suprême que l'homme puisse atteindre dans la vie. » (LOCKE.)

*Ouvrage honoré d'une souscription
du Ministère de l'Instruction publique.*

DEUXIÈME ÉDITION, REVUE

PARIS

FÉLIX ALCAN, ÉDITEUR

ANCIENNE LIBRAIRIE GERMER BAILLIÈRE ET Cie

108, BOULEVARD SAINT-GERMAIN, 108

1903

Tous droits réservés

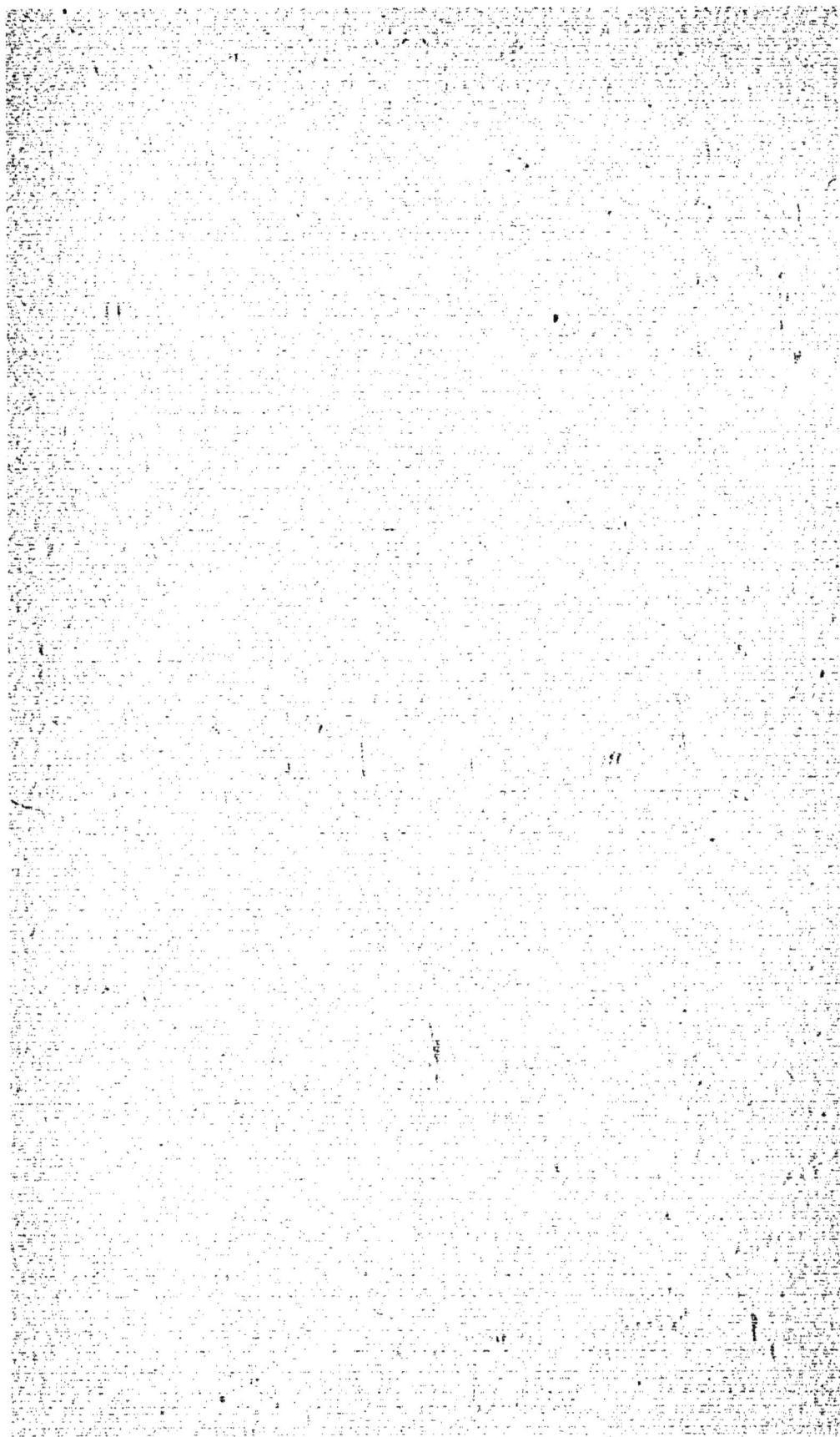

PRÉFACE

Par ce nouvel ouvrage est close la série de nos monographies psychologiques appliquées à l'éducation intellectuelle. Après avoir constaté dans l'*Imagination et ses variétés chez l'enfant* la diversité que présentent les esprits suivant leur aptitude à enregistrer les impressions sensorielles, — dans l'*Abstraction et son rôle dans l'éducation intellectuelle* le contraste qu'ils offrent quant à la dissociation et la réduction des images, — il nous restait à examiner de quelle façon ils se comportent respectivement dans l'acte de rapprocher les idées et les jugements. C'est le sujet que nous traitons aujourd'hui.

L'étude des premières manifestations de la

logique enfantine et de ses progrès, la recherche
des causes qui peuvent parfois la faire dévier et
qui, par leur action intime sur la pensée, engen-
drent les différences que les esprits manifestent
sous le rapport de la rectitude et de la justesse,
puis, comme corollaire, l'indication des moyens
les plus propres à fortifier ou à redresser chez
l'enfant la logique naturelle, tel est l'enchaînement des idées que l'on trouvera développées
dans cette étude.

Destinée au même public que les précédentes,
elle a été conçue dans le même esprit et rédigée
d'après la même méthode.

LA LOGIQUE CHEZ L'ENFANT
ET SA CULTURE

INTRODUCTION

Les trois périodes de la vie intellectuelle de l'enfant : période sensitive; — période de la pensée spontanée; — période de la pensée réfléchie. — Caractères propres à chacune d'elles. — Analogie qu'elles présentent avec l'évolution des races.

On s'accorde assez généralement depuis Rousseau à distinguer dans l'évolution mentale de l'enfant (1) un certain nombre de périodes, qui, en ce qui concerne particulièrement l'intelligence, peuvent se ramener à trois principales : l'âge de la toute première enfance, l'âge de la parole, l'âge de raison.

Dans la première, dans celle que l'on pourrait appeler l'époque *affective* ou *sensitive*, l'enfant, tout mouvement après une période initiale d'engourdissement et de torpeur, est sans cesse occupé, tant qu'il est éveillé, à exercer ses facultés perceptives,

(1) Nous prenons ce mot au sens large où il convient même à l'adolescent, conformément à la signification du latin *puer*, qui s'appliquait d'ordinaire jusqu'à l'âge de dix-sept ans.

ses sens, et il se familiarise ainsi peu à peu avec le milieu physique et social où il vit.

Au début de l'*Émile*, Rousseau a esquissé à grands traits le tableau de ces manifestations originelles de la vie psychique. Après avoir constaté que le nouveau-né, chez qui d'ailleurs est innée l'intelligence, c'est-à-dire l'aptitude à la perception et à la constitution des représentations, ne sait rien, ne connaît rien, n'a pas même tout d'abord le sentiment de sa propre existence ; que ses mouvements, ses cris sont purement automatiques, dépourvus de conscience et de volonté, il ajoute :

« Les premières sensations des enfants sont purement affectives ; ils n'aperçoivent que le plaisir et la douleur. Ne pouvant ni marcher ni saisir, ils ont besoin de beaucoup de temps pour se former peu à peu les sensations représentatives qui leur montrent les objets hors d'eux-mêmes ; mais en attendant que ces objets s'étendent, s'éloignent pour ainsi dire de leurs yeux, et prennent pour eux des dimensions et des figures, le retour des sensations affectives commence à les soumettre à l'empire de l'habitude ; on voit leurs yeux se tourner sans cesse vers la lumière...

« L'enfant n'est attentif qu'à ce qui affecte actuellement ses sens... Il veut tout toucher, tout manier. C'est ainsi qu'il apprend à sentir la chaleur, le froid, la dureté, la mollesse, la pesanteur des corps ; à juger de leur grandeur, de leur figure et de toutes leurs qualités sensibles, en regardant, palpant, écoutant, surtout en comparant la vue au toucher, en estimant à l'œil la sensation qu'ils feraient sous ses doigts.

« Ce n'est que par le mouvement que nous apprenons qu'il y a des choses qui ne sont pas nous ; et ce n'est que par notre propre mouvement que nous acquérons l'idée de l'étendue. C'est parce que l'enfant n'a point cette idée, qu'il tend indifféremment la main pour saisir l'objet qui le touche ou l'objet qui est à cent pas de lui... C'est que les mêmes objets qu'il voyait d'abord dans son cerveau, puis sur ses yeux, il les voit maintenant au bout de ses bras, et n'imagine d'étendue que celle où il peut atteindre.

« Le malaise des besoins s'exprime par des signes, quand le secours d'autrui est nécessaire pour y pourvoir. De là les cris des enfants... Au langage de la voix se joint celui du geste, non moins énergique. Le geste n'est pas dans les faibles mains de l'enfant, il est sur leurs visages. Il est étonnant combien ces physionomies mal formées ont déjà tant d'expression ; leurs traits changent d'un instant à l'autre avec une inconcevable rapidité ; vous y voyez le sourire, le désir, l'effroi, naître et passer comme autant d'éclairs ; à chaque fois vous croyez voir un autre visage (1). »

Au reste, durant cette période, l'intelligence logi-

---

(1) Voy., pour plus de développement et de précision, Preyer, *l'Âme de l'enfant* (Paris, F. Alcan) ; — B. Pérez, *les Trois premières années de l'enfant* (Paris, F. Alcan) ; — Compayré, *l'Évolution intellectuelle et morale de l'enfant*.

que est loin d'être inactive, comme nous en verrons plus loin la preuve (1), preuve qu'à elle seule l'*acqui- sition de la parole* suffit déjà à établir.

A la vérité, bien que les jeunes enfants, avant de pouvoir répéter ou même comprendre un seul des mots prononcés devant eux, manifestent leurs ma- nières d'être au moyen de divers sons et même de diverses syllabes, ils ne s'élèvent pas pour cela au- dessus des animaux intelligents. Comme le remarque Preyer, le fait de répondre aux paroles amicales et aux réprimandes par des sons correspondants peut à peine se distinguer, quant à la nature psychique, des jappements joyeux ou des gémissements du cani- che.

Pareillement, le fait pour l'enfant, encore privé de la parole, d'apprendre le sens des premiers mots de sa future langue, ne le distingue pas non plus de ces mêmes animaux, qui comprennent eux aussi beau- coup de mots, sinon des phrases entières de notre langage articulé! Par exemple, l'intelligence du chien d'arrêt, relativement aux ordres verbaux qu'il reçoit au cours de son dressage, est aussi certaine que celle de l'enfant pour le jargon des nourrices. Par la façon dont il se comporte, quand il se déplace ou s'arrête dans un mouvement commencé, en en- tendant les mots: cherche, doucement, tout beau, apporte, derrière, marche, il fait voir qu'il comprend

(1) Chap. 1.

aussi clairement que possible le sens des mots prononcés.

Mais apparaît bientôt le grand progrès qui différencie l'intelligence enfantine de l'intelligence animale. Tandis que chaque signe conserve pour
l'animal son application particulière, sans évoquer
jamais l'idée d'applications parallèles, l'enfant, une
fois qu'une première association, par imitation ou
spontanément, a été établie dans son esprit, entre
une notion et une syllabe ou un groupement de
syllabes, trouve lui-même de nouvelles associations;
saisissant un rapport de ressemblance, une analogie
plus ou moins lointaine entre tel objet qu'il a déjà
nommé et d'autres qu'il veut nommer, il applique à
ceux-ci le nom qu'il a déjà donné à celui-là; il a
désormais un instrument universel pour tout exprimer,
il est en possession du langage.

« C'est ici, dit Rousseau, le second terme de la
vie, et celui auquel proprement finit l'enfance; car les
mots *infans* et *puer* ne sont pas synonymes. Le premier est compris dans l'autre, et signifie *qui ne peut
parler*: d'où vient que dans Valère-Maxime on trouve
puerum infantem (1), » et aussi dans Cicéron.

Cette seconde phase, qui est celle de la pensée
spontanée, commence vers la troisième année, l'époque
où l'enfant acquiert l'essentiel de la parole variant
d'ailleurs quelque peu suivant les sujets.

(1) *Émile*, liv. II.

Mme Necker de Saussure a bien marqué le progrès qu'accomplit alors l'intelligence enfantine.

Tant que les mots appris de temps à autre par l'enfant, observe-t-elle (1), restent épars dans son cerveau, tant qu'il ne les lie pas ensemble, les acquisitions qu'il fait dans ce genre n'ont pas beaucoup d'influence sur son développement mental et, quels que soient ses points de contact avec nous, il s'en distingue notablement. « Désirs, affections, peines, plaisirs, tout est vif, tout est prononcé chez lui. Il nous ressemble donc en plusieurs points ; mais il ne pense pas en paroles, et c'est par là qu'il diffère de nous... Mais quand une fois il a découvert l'usage utile de la parole, quand il a vu que ces mots si agréables à prononcer pouvaient être un moyen de se faire obéir, toutes ses facultés sont employées à le mettre en possession de ce moyen. Aussi ses progrès dans l'art de parler sont-ils étonnants. » Alors il franchit en quelques mois « l'intervalle immense qui séparait sa vie toute sensitive de la vie intellectuelle de l'homme ».

Ce qui explique des progrès si rapides et ce qui caractérise par suite cette nouvelle phase de la vie enfantine, c'est la substitution d'un langage analytique, abstrait et général, susceptible d'un progrès indéfini, à un langage synthétique et concret, assurément très expressif, mais aussi très limité. Dès lors,

_____

(1) *L'Éducation progressive*, liv. II, ch. IV, et liv. III, résumé.

les progrès de la pensée iront parallèlement avec
ceux du langage, l'une étant soutenue par l'autre.
Non pas que le pouvoir de penser dépende des mots,
mais sans cet auxiliaire il resterait des plus bornés.
« La raison est l'ouvrière, le langage est l'outil.
L'ouvrière ne se perfectionne que parce que l'outil
lui-même s'agence et s'organise. Et il y a ici, entre la
fonction et l'organe, une telle dépendance, un rapport si étroit de solidarité, que le langage ne se
constituerait pas sans ce minimum de pensée que
l'enfant développe spontanément, et que, d'autre part,
la raison ne saurait atteindre son maximum de développement, si le langage ne lui venait en aide (1). »
Le langage, en effet, rend seul possible la constitution
des idées les plus abstraites, et il est aussi indispensable à nos raisonnements spéculatifs que les chiffres
à nos calculs.

Là n'est pas pour l'enfant l'unique utilité du langage; non seulement, grâce à lui, il va pouvoir mettre
en réserve les informations qu'il aura acquises et en
noter de nouvelles sans craindre la perte des premières ; mais encore, en apprenant les mots de la
langue, il s'initie aux pensées des personnes de son
entourage qui s'en servent avec lui, et surtout aux
pensées de ceux mêmes qui l'ont formée ; il bénéficie

---

(1) Compayré, *ouv. cité*, p. 202. — Sur l'évolution mentale
de l'enfant durant cette seconde période, voy. aussi B. Pérez, *l'Enfant de trois à sept ans* (Paris, F. Alcan) ; — et
Egger, *Observations et Réflexions sur le développement de
l'intelligence et du langage chez les enfants.*

de leurs conquêtes intellectuelles. « Nos prédécesseurs sur la terre ont employé leurs forces intellectuelles dans toute la suite des générations à observer, à déduire, à classer ; nous héritons dans le langage des résultats de leurs travaux. Ainsi ils ont fait la distinction entre vivant et mort ; entre animal, végétal et minéral ; entre corps, vie, intelligence, esprit, âme et autres idées aussi difficiles... Notre pensée se coule dans ces moules tout préparés (1). » — « Des mots comme *inertie, affinité, gravitation*, résument un si grand nombre de lois naturelles et sont si heureusement choisis pour leur objet, que chacun d'eux guide par son étymologie vers la nature de la loi qu'il est là pour indiquer... Les noms sont donc les moyens de fixer et de rappeler les résultats de séries de pensées qui, sans eux, devraient être fréquemment répétées, avec toute la peine du premier effort... A mesure que les distinctions entre les relations des objets deviennent plus nombreuses, plus compliquées et plus subtiles, le langage devient plus analytique, pour être capable de les exprimer ; et, inversement, ceux qui ont hérité en naissant d'un langage hautement analytique, doivent apprendre à *penser jusqu'à lui*, à observer et à distinguer toutes les relations d'objets pour lesquels ils trouvent des expressions déjà formées ; de sorte que nous avons un instructeur de nos facultés pensantes, dans cette parole que nous

(1) Whitney, *la Vie du langage* (Paris, F. Alcan), p. 17.

pouvons ne considérer que comme leur servante et leur ministre (1). » Ainsi, en même temps que la parole, l'enfant acquiert une prodigieuse quantité de notions essentielles sur la nature et sur l'homme, sur les choses et les actions, la vie et la société, même sur l'esprit, ce qui le rend assez vite capable de réflexion. La lecture contribue d'ailleurs à cette éducation.

Enfin, si les idées ne sont jamais exprimées ou ne le sont que d'une façon incompréhensible, celui qui les a conçues ne peut en tirer parti, ni les rectifier. Seules ont quelque valeur les idées qui persistent après avoir été communiquées à nos semblables, après avoir subi l'épreuve de la confrontation ou de la discussion, et cette communication ne se fait bien que par les mots. Grâce à la parole donc, l'enfant arrive à corriger peu à peu ses conceptions primitives : les explications qu'il réclame et obtient modifient, précisent de plus en plus les notions par trop générales qu'il s'était formées d'abord et les mettent d'accord avec les faits, les ajustent à la réalité.

Aussi, est-ce l'époque des *comment* et des *pourquoi* de l'enfant. La curiosité qu'il manifestait déjà tout petit enfant, lorsque par exemple il tournait la tête pour chercher d'où venait un bruit entendu, apparaît à présent très vive et constitue une des causes fondamentales du développement de sa pensée. Ne possédant à l'époque où il commence à parler qu'une

(1) Thomson, *Laws of thought*, p. 23.

expérience des plus restreintes, il se heurte de toutes
parts à des représentations qu'il tâche de s'assimiler
et de rattacher à la petite somme de ses connaissances. Par ses questions incessantes, il deviendrait
alors terriblement gênant, si sa crédulité n'égalait
sa curiosité. Heureusement, comme le fait remarquer M. Compayré, que « l'intelligence naissante
se contente de peu. Tout est pour elle problème,
matière à question ; mais tout lui est bon comme
solution. Notons d'abord que beaucoup de de-
mandes de l'enfant tendent seulement à connaître
les noms des choses. « Qu'est-ce que cela ? » veut
dire souvent : « Comment cela se nomme-t-il ? » Et
une fois le nom de l'objet connu, l'enfant s'arrête,
heureux de sa petite science, ayant ajouté un mot
nouveau à son pauvre vocabulaire. Lorsque, un peu
plus avancé en âge, il réclamera vraiment une explication, et que, dirigé par les grandes lois de la
causalité et de la finalité, sa petite raison voudra
savoir à quoi sert un objet, ou comment un événement est arrivé, il ne faudra souvent que lui présenter
un mot à la place d'un autre pour qu'il se déclare
satisfait. Le plus banal *parce que* suffit à son *pourquoi* le plus impérieux ; les raisons les plus futiles
lui paraissent solides » (1).

Il n'en est pas moins vrai que ces questions attestent
les progrès accomplis par son intelligence ; mainte-

---

(1) *Ouv. cité*, p. 192. — Cf. J. Sully, *Études sur l'enfance*
(Paris, F. Alcan), liv. II, ch. II : *l'âge questionneur*.

nant les choses ne l'intéressent plus seulement à cause
du besoin qu'il en a ou de l'usage qu'il peut en faire ;
il les considère pour elles-mêmes. Et cette nécessité
de se rendre compte va se développant toujours à
mesure que grandissent sa capacité d'attention et de
comparaison, son pouvoir d'abstraire et de généraliser, et qu'il les exerce davantage.

Alors il devient apte à fixer son attention sur lui-
même, à la ramener des objets qui la sollicitent sur
ses propres états ; et il acquiert ainsi des notions
nouvelles, l'idée de son moi, les idées de substance
et d'identité, de cause et de fin, idées des plus impor-
tantes, puisque certaines d'entre elles, érigées en
principes d'explication universelle, vont constituer
proprement sa raison.

L'enfant, qui d'abord parlait de lui-même en se
nommant : Paul a faim, cette balle est à Paul, comme
on le faisait en lui adressant la parole, dit maintenant : J'ai faim, cette balle est à moi ou est mienne ;
il déclare *siens* ses états ou ses actes, il se regarde
comme une personne et désormais il met sans cesse
son *moi* en avant (1).

Chaque jour il aperçoit en lui de nouvelles émotions, de nouveaux désirs, de nouvelles idées, mais
il se sent subsistant et restant le même sous cette
succession et cette diversité : il acquiert ainsi les
idées de *substance* et d'*identité*.

Il a conscience, grâce à l'effort qu'il déploie, de

(1, Voy. plus loin, ch. 1ᵉʳ, p. 31 et suiv.

produire certains actes, alors qu'il en subit seulement certains autres : il se conçoit comme une *cause*.

Quand il agit, il le fait dans une intention, il se propose un but auquel il adapte ses actes : il se rend compte par là de l'idée de *fin*.

Ce développement de la conscience prépare et amène la réalisation de la troisième phase de l'évolution intellectuelle, celle de la pensée *réfléchie* ou de l'*âge de raison*, comme on l'appelle ordinairement, parce qu'alors l'enfant est devenu capable de raisonner et de réfléchir.

Mme Necker de Saussure fait commencer cette période vers la huitième année ; Rousseau la repousse entre la onzième et la douzième ; l'opinion commune la place à sept ans ; on peut admettre, pour s'adapter aux variations qui résultent de la rapidité ou du retard du développement mental, qu'elle a lieu entre la septième et la neuvième année.

Les idées d'identité, de substance, de cause, de fin, puisées par l'enfant dans sa réflexion, n'avaient tout d'abord ni précision ni fixité ; étroitement associées chez lui à des expériences personnelles et particulières, à des impressions sensibles, elles étaient plutôt senties qu'entendues. Mais son intelligence, devenue maintenant raisonnable et acquérant chaque jour plus de vigueur et de lucidité, est apte à les élever au plus haut degré d'abstraction et de généralisation qu'elles comportent.

A cette période du développement mental de l'enfant, on voit, dit Mme Necker de Saussure, « une intention plus réfléchie remplacer le mouvement spontané de l'instinct », l'impulsion. Quand le petit enfant cherchait à nous imiter, ce qui, suivant Preyer, se produirait dès le quatrième mois, c'était en lui l'effet d'une sympathie naturelle. « Il ne distinguait pas nettement son âge du nôtre ; et, quand il copiait nos actions et notre langage, il ne sentait pas combien nos motifs étaient différents des siens. » Maintenant « il sait mieux ce qu'il fait. Quand il nous imite, c'est par amour-propre, c'est qu'il veut s'élever au-dessus de son état présent, et qu'il essaye de la condition d'homme. Souvent aussi il ne se soucie pas de nous imiter ». D'ailleurs, « déjà plus prévoyant qu'on ne le croit, il lui convient souvent de ne pas le paraître ». Il redoute de se montrer trop raisonnable ; avant de suivre un bon mouvement, il calcule, « il ne veut pas s'engager trop avant dans la sagesse », et semble s'inquiéter d'en être quitte à aussi peu de frais que possible. Pendant quelque temps, on trouve en lui « le mélange des deux âges, tantôt l'enfance entière, toute sa déraison, tantôt des intentions de moralité, de dévouement, d'amour du devoir. Cette période, plus que toute autre, en est une de transition : c'est un passage de l'instinct à la connaissance, de la sympathie inaperçue aux sentiments reconnus. Aussi y a-t-il bien du désordre dans cet intervalle, la connaissance étant très imparfaite et les sentiments engourdis ou peu réglés ».

Remarque affligeante, « c'est que les progrès de l'intelligence, qui sont alors très grands, servent si peu à ceux de la sagesse. On voit que non seulement l'enfant calcule à merveille les intérêts de son plaisir, qu'il vient à bout de ses desseins avec une adresse infinie, mais que nos préceptes de morale les moins suivis ont été compris. Entendez-le soutenir son droit, il est le défenseur de la plus sévère justice ; lors même qu'il n'est pas question de lui, écoutez comme il gourmande ses frères et sœurs, comme il leur dit que c'est mal de désobéir à ses parents, honteux d'être ignorant, affreux de dérober ce qui n'est pas à soi. Les maximes que vous croyez avoir débitées en pure perte, reparaissent dans toute leur vigueur ; il les répète avec emphase, avec un air de persuasion » (1).

Cette application qu'il fait aux autres de ce qui lui a été dit montre bien que l'enfant est parvenu à l'âge où l'on peut lui faire entendre raison ou, suivant l'expression commune, le *raisonner*, c'est-à-dire lui faire admettre des principes, dont il saisisse clairement la légitimité et la portée, lui faire comprendre l'absurdité de ses pensées et l'inconvenance de ses actes, l'habituer à rendre compte à lui-même et aux autres de sa conduite. Alors, en effet, en même temps qu'il est initié à la vraie vie intellectuelle, l'enfant est devenu capable de moralité. Et comme la raison,

(1) Mᵐᵉ Necker de Saussure, *ouv. cité*, liv. VI, ch. 1ᵉʳ.

une fois apparue, fait de rapides progrès, l'on pourra, sans plus tarder, en assurer le bon usage, cultiver chez lui le raisonnement (1).

Telles sont les trois phases (2) par lesquelles passe l'intelligence de l'enfant. Suivant le psychologue américain Baldwin (3), il y aurait entre elles et l'évolution des races une analogie très nette, au moins dans son ensemble. « L'enfant, écrit-il, débute dans ses expériences prénatales et postnatales, par des sensations vagues de plaisir et de douleur et par les premières adaptations motrices qui en découlent. Il passe par une période de perception des objets et de réactions correspondantes par suggestion, imitation, etc. Il devient plus ou moins apte à se garder lui-même et acquiert l'imagination et la volonté ; puis en dernier lieu apparaît l'homme réfléchi, l'être social et moral que nous connaissons. »

(1) M. Egger pense que l'on doit commencer cette éducation du raisonnement à neuf ans, Bain à dix. Elle est d'autant plus indispensable que le développement de l'intelligence enfantine peut être plus ou moins hâté ou retardé, favorisé ou contrarié par l'exercice et par les circonstances ; en sorte que la raison, s'obscurcissant et se faussant chez les uns par l'ignorance et par les préjugés, s'affermissant chez les autres par la pratique des sciences, comporte bien ces degrés et peut singulièrement varier d'une personne à l'autre.

(2) Nous ne parlons pas d'une quatrième phase où s'effectue, vers la quatorzième ou la quinzième année, le passage de l'enfance à l'adolescence, et qui constitue l'époque de la puberté : elle est moins en effet une crise intellectuelle qu'une crise physique et morale.

(3) Le Développement mental chez l'enfant et dans la race (Paris, F. Alcan), pp. 15 et 16.

QUEYRAT. — La Logique chez l'enfant. 2

Or, dans l'évolution des races, certaines grandes époques de différenciations fonctionnelles peuvent être parallèlement indiquées. « La première est l'époque des processus rudimentaires des sens : processus du plaisir et de la douleur, processus de la simple adaptation motrice, appelée par commodité « époque affective ». La seconde, l'époque de la représentation simple, de la mémoire, de l'imitation, de l'action défensive, de l'instinct qui graduellement nous mène à la troisième : celle de la représentation complexe, de la coordination motrice complète, de la conquête, de l'action offensive et de la volition rudimentaire. Au point de vue psychique, je caractériserais volontiers ces deux dernières phases du nom « d'époque de la référence objective ». Enfin, la quatrième, l'époque de la pensée, de la réflexion, de l'affirmation du moi, de l'organisation sociale, de l'union des forces, de la coopération ; c'est « l'époque de la référence subjective », qui, dans l'histoire de l'homme, se traduit par l'action sociale et morale. »

Nous allons examiner quelle est, jusqu'à l'âge de raison, la nature de la logique enfantine ; nous verrons ensuite comment elle se perfectionne, à quelles erreurs elle est sujette, et les moyens de la diriger.

CHAPITRE PREMIER

LA LOGIQUE DU PREMIER AGE

Comment il peut y avoir pensée sans langage. — La logique des images. — Exemples de raisonnement chez l'enfant avant la parole. — L'enfant procède par comparaison. — Extension analogique du sens des mots. — Cas divers. — Exemples. — Création analogique de mots nouveaux. — Exemples. — La logique des enfants dans la construction des propositions et des phrases. — L'emploi du pronom *je*. — Comment se constitue le sentiment du *moi*. — Qu'il est dû surtout à la conscience de l'activité spontanée. — Exemples. — Personnification par l'enfant de la nature et des choses : conception anthropomorphique du monde. — Exemples. — Croyance à la finalité et anthropocentrisme. — Exemples. — Recherche de la provenance et du mécanisme des choses. — Le fabricateur suprême. — Idées anthropomorphiques et contradictoires concernant Dieu. — Exemples. — L'enfant juge de ce qui est éloigné ou étrange par ce qui est observable ou familier. — Caractère de l'intelligence enfantine : tendance à unifier. — *Le raisonnement par analogie.*

Un préjugé qui n'est pas encore disparu veut que sans langage il n'y ait pas de pensée. Pour se rendre compte du peu de fondement d'une telle opinion, il suffit d'observer l'enfant qui ne sait pas encore parler, à qui on n'enseigne pas encore à penser, mais qui apprend à le faire par lui-même, tout comme il

apprend à voir et à entendre. On s'aperçoit que cet
enfant enchaîne logiquement des idées, c'est-à-dire
pense, longtemps · avant de connaître l'usage des
mots en tant que moyens d'expression, longtemps
aussi avant d'avoir saisi la signification ou même
d'avoir appris la prononciation d'un seul d'entre eux.

Penser, pour nous, c'est parler intérieurement, le
plus souvent du moins (1), c'est combiner des mots ;
pour l'enfant, c'est combiner des images, surtout des
images visuelles.

Les sourds-muets, avant qu'on ne leur ait donné
aucune éducation, nous fournissent la preuve, par
leurs gestes et leurs jeux de physionomie, que beaucoup de notions peuvent être conçues et enchaînées,
sans le secours des mots ou des signes remplaçant
les mots (2). Pourquoi donc, chez l'enfant bien cons-
titué, la liaison logique des représentations ne com-
mencerait-elle qu'avec l'apprentissage de la langue ?

(1) Ch. Bastian remarque en effet que « le processus de
pensée semble être, dans une certaine mesure, indépendant
des mots par lesquels la pensée est exprimée ; de sorte que
nous pensons en mots peut-être un peu moins qu'on ne le
suppose généralement. Son indépendance partielle paraît
indiquée par le fait que nous *choisissons* nos expressions.
Ainsi, d'après les diverses nuances de signification que nous
cherchons à faire passer dans nos propositions, nous pe-
sons ou choisissons souvent, d'une manière délibérée, les
substantifs, les adjectifs et les verbes que nous pouvons
estimer les plus propres à communiquer complètement nos
pensées à d'autres personnes. Ceci semble indiquer quelque
processus séparé, par lequel les pensées ou *relations* s'as-
socient à des mots ». (*Le Cerveau et la Pensée*, t. II, p. 238.)

(2) Voy. Preyer, *ouv. cité*, pp. 303-314.

« De nombreux processus de pensée, dit Stuart Mill (1), ont ordinairement lieu par d'autres symboles que des mots. C'est la doctrine d'un des penseurs les plus féconds des temps modernes, Auguste Comte, qu'outre la logique des signes, il y a une logique d'images et une logique de sensations. Dans un grand nombre de processus familiers de la pensée, et surtout chez les esprits incultes, une image visuelle tient lieu d'un mot. Nos images visuelles, — peut-être seulement parce qu'elles se présentent presque toujours en même temps que les impressions de nos autres sens, — ont une grande facilité à s'associer avec elles. Aussi l'apparence visuelle caractéristique d'un objet rassemble aisément autour d'elle, par association, les idées de toutes les autres particularités qui, dans de fréquentes expériences, ont coexisté avec cette apparence ; et, en évoquant celles-ci avec une force et une certitude qui surpassent de beaucoup celle des associations simplement occasionnelles qu'elle peut aussi exciter, elle concentre l'attention sur elles. C'est là une image qui sert de signe — la logique d'images. La même fonction peut être remplie par un sentiment. Tout sentiment puissant et hautement intéressant, lié à un seul attribut d'un groupe, classe spontanément tous les objets, suivant qu'ils possèdent ou ne possèdent

(1) *La Philosophie de Hamilton*, pp. 378-379. — Sur la *logique des images*, voy. encore Ribot, *l'Évolution des idées générales*, p. 32-37 (Paris, F. Alcan).

pas cet attribut. Nous pouvons être assez certains que les choses capables de satisfaire la faim forment une classe parfaitement distincte dans l'esprit de tous les animaux les plus intelligents, aussi bien que s'ils étaient capables de se servir du mot *nourriture*, ou de le comprendre. »

Mme Necker de Saussure a exprimé le même avis. « Le langage nous est tellement familier, écrit-elle (1), qu'il fait partie de nous-mêmes, et nous ne savons pas ce que nous serions sans son secours. L'homme est, suivant les Hébreux, *une âme parlante* ; le fil de son discours ne s'interrompt guère au dedans de lui. Les enfants et les animaux ne sont point ainsi ; les choses mêmes se présentent à leur esprit, et non les termes qui en sont les signes. Penser, pour eux, c'est revoir, c'est éprouver les sensations que l'objet réel aurait excitées. Tout se passe dans leur tête en tableaux ou plutôt en scènes animées où la vie se reproduit partiellement. »

Le petit enfant n'a donc pas besoin de mots ni de signes pour concevoir des idées et pour agir logiquement, puisqu'il peut y réussir au moyen des seules images visuelles. Les preuves positives de ce fait abondent d'ailleurs dans les ouvrages des physiologistes et des psychologues qui de nos jours ont observé les enfants.

Vers le douzième mois après sa naissance, l'enfant de Preyer était habitué à voir, presque chaque jour, verser avec bruit du charbon dans le poêle A. Au

(1) *Ouv. cité*, liv. II, ch. IV.

trois cent soixante-troisième jour, on fit de même pour
le poêle B, dans la chambre voisine. L'enfant porta
de suite les yeux dans la chambre d'où venait le bruit;
ne voyant rien, il tourna la tête de près de 180° et
regarda d'un air interrogateur le poêle A qui avait
déjà été rempli. Voilà bien un exemple de logique
appliquée aux impressions auditives survenant avant
que la faculté de parler se soit formée.

Au dix-septième mois, le même enfant, ne pouvant
atteindre un jouet dans une armoire trop haute pour
lui, chercha à droite et à gauche, trouva une valise,
la prit, monta dessus, et s'empara de l'objet con-
voité (1). Dans ce cas encore, il était impossible à l'enfant de penser avec des mots, ceux-ci lui étant toujours inconnus.

Depuis que, dans le quinzième mois, il s'était brûlé
le doigt à la bougie, on ne pouvait plus l'amener à

_____

(1) « En analysant ce fait et ses analogues, qui sont nombreux, dit M. Ribot, on constate l'identité foncière de ces
inférences simples avec celles qui constituent le raisonnement spéculatif ; elles sont de même nature. Prenons, en
effet, à dessein, une définition savante comme celle de Boole
qui peut sembler d'abord bien peu adaptée ici: « Le raison-
« nement est l'élimination du moyen terme dans un système
« qui a trois termes »; malgré son apparence théorique, elle
est rigoureusement applicable aux cas qui nous occupent.
Ainsi, dans l'esprit de l'enfant de Preyer, il y a un premier
terme (désir du jouet), un dernier terme (la possession),
tout le reste est procédé, échafaudage, moyen terme à éliminer. La marche de l'esprit est identique dans les deux
cas — pratique et spéculatif — c'est une opération médiate
qui se développe soit par une série d'actes chez les animaux
et les enfants, soit par une série de concepts et de mots
chez l'adulte. » (Ouv. cité, p. 46.)

approcher la main de la flamme ; il tendait parfois le
doigt comme pour agacer la bougie, mais sans y
toucher. A dix-huit mois, il porta spontanément un
morceau de bois vers la porte du poêle et l'introduisit
dans l'intérieur par la coulisse ouverte ; après quoi il
regarda ses parents d'un air triomphant.

Alors que l'enfant avait coutume, au début, de ne
jamais se laisser essuyer la bouche et le menton sans
crier, à partir du quinzième mois, il endura très tran-
quillement cette opération qui lui était désagréable.
Il avait remarqué évidemment qu'elle était d'autant
plus vite terminée qu'il se tenait plus tranquille.

Une expérience très instructive, exécutée par
G. Lindner sur sa fillette, âgée de vingt-six semaines,
montre que des mouvements réfléchis se produisent
au début de la deuxième moitié de la première année.
Pendant que l'enfant était couchée dans son berceau,
occupée à boire au biberon, celui-ci prit une position
tellement oblique qu'elle ne put plus rien aspirer à
la bouche. Que fit elle ? Elle s'efforça de donner au
biberon une autre position au moyen de ses pieds, et
finit par y réussir si adroitement qu'elle put boire avec
commodité. « Cette action, dit Lindner, n'était aucu-
nement le résultat de l'imitation, — cela va de soi ; —
elle ne pouvait pas plus dépendre d'un pur hasard ; en
effet, quand, au prochain repas, on eut intentionnelle-
ment disposé le biberon de telle façon que l'enfant
ne pouvait rien prendre, si elle ne s'aidait des pieds
et des mains, elle recommença le même travail, et

agit comme précédemment. Le jour suivant, comme l'enfant buvait dans la même position, je mis un obstacle au repas, en éloignant les pieds du biberon ; mais elle les ramena aussitôt, s'en servant avec autant d'adresse et de sûreté, comme d'un régulateur pour l'écoulement du lait, que si les pieds eussent été spécialement créés pour cet usage. Il suit de là, du moins, que l'enfant agit avec réflexion bien avant de savoir parler ; d'autre part, ce fait montre aussi combien imparfaite et gauche est la réflexion de l'enfant ; car ma fille but son lait de cette façon incommode durant trois mois pleins, jusqu'à ce qu'enfin elle découvrit un jour que la main était beaucoup plus appropriée à la fonction qu'elle faisait remplir au pied. J'avais recommandé très vivement à toutes les personnes de l'entourage de l'enfant de lui laisser l'initiative de ce progrès (1). »

Il serait aisé de multiplier les faits de ce genre, et quiconque a élevé des enfants a pu en observer chez eux d'analogues. Si quelques-uns ne sont pas spécifiquement distincts des actes intelligents, non instinctifs, de l'orang-outang ou du chimpanzé, d'autres, comme le remarque James Sully, établissent déjà la ligne de démarcation entre l'intelligence animale et l'intelligence humaine.

« La raison de l'enfant, constate-t-il (2), se révèle d'abord obscurément dans les choses pratiques. Au

(1) Voy. Preyer, *ouv. cité*, pp. 71, 276, 277, 298, 304.
(2) *Études sur l'enfance*, p. 101-102.

commencement de l'évolution de la race humaine, la faculté de raisonnement s'est rapidement développée par la nécessité de se nourrir et de lutter. L'homme a commencé à réfléchir sur les rapports des choses afin de se procurer de la nourriture, de se garantir du froid et d'autres maux. Il en est ainsi de l'enfant. Nous pouvons l'observer avant l'âge de la parole, inventant assez rapidement tel ou tel expédient pratique; saisissant, par exemple, un objet quelconque qui se trouve sous sa main pour attraper un jouet qui est à sa portée, ou empoignant notre vêtement, nous poussant une chaise pour nous faire comprendre que nous devons rester à l'amuser. Les premiers mois de l'enfant abondent en incidents prouvant une certaine initiative intelligente.

« Cependant ces hauts faits, tout remarquables qu'ils soient, ne révèlent guère les attributs distinctifs de la pensée humaine. Le chat, par exemple, sans dessein prémédité d'imitation, trouvera un geste de supplication tout à fait charmant en touchant notre bras et en le frappant légèrement.

« Les premiers indices certains de l'apparition de cette faculté humaine de la pensée chez les enfants se révèlent dans leurs essais de comparaison. Lorsqu'un bébé tourne spontanément et très judicieusement la tête, de l'image de sa mère réfléchie dans la glace ou de son portrait, vers l'original, nous voyons, semble-t-il, apparaître un processus qui, en se compliquant, devient l'entendement humain.

« Ce genre de comparaison entre pour beaucoup dans l'activité intellectuelle des jeunes enfants. » Chez quelques-uns, « la comparaison des formes et des dimensions tourne à la manie. Ils veulent toujours mesurer les choses les unes avec les autres, et ainsi de suite ». Or, « cette comparaison des choses est l'essence même de la compréhension, c'est-à-dire de l'intelligence du monde réel pris dans son ensemble et non pas seulement dans ses manifestations concrètes et isolées.

« L'enfant, dans son désir d'assimiler à une chose connue celle qui lui paraît étrange et nouvelle, est toujours à l'affût du moindre point de ressemblance. Aussi peut-on dire que la perception analogique et à demi poétique des choses, la réduction par métaphore à un prototype, comme lorsqu'il appelle une étoile un œil, ou une paupière un rideau, contient le germe à la fois de la poésie et de la science. »

C'est grâce à cette faculté précieuse de saisir des analogies, souvent bien lointaines et qui parfois nous semblent forcées, que l'enfant, quand il commence à parler, étend le sens des mots inventés par lui ou fournis par son entourage. Le fils de Preyer se servait de l'expression *atta*, qu'il avait lui-même formée et qu'il employait avec une fréquence particulière, non seulement pour marquer sa sortie d'une pièce ou de la maison, la disparition d'une chose, mais l'extinction ou l'éloignement d'une flamme, et plus tard, la fermeture d'un éventail, la chute d'un objet,

et aussi pour désigner un récipient vide. En sorte
que, vers la fin de sa deuxième année, l'enfant donnait à cette articulation les significations suivantes :
je veux partir ; il est parti ; elle n'est pas là ; pas encore là ; elle n'est plus là ; il n'y a rien là ; il n'y a personne là ; c'est vide ; cela n'est nulle part ; dehors, sortir. A la question : *Où as-tu été ?* l'enfant, rentrant
de la promenade, répondait *alla*, et quand il avait
vidé son verre, il disait également *alla* (1).

Les observations de cette espèce abondent.

Pour les enfants, écrit Baldwin (2), « tous les
hommes sont des *papa*, toutes les couleurs sont
rouze et tout ce qui se mange est du *lolo*. Le professeur Castell m'a dit que sa petite fille, ayant souf-
fert de coups sur la tête, appelait hardiment toutes
les douleurs physiques des *coup-coup*, et son petit
frère, généralisant encore davantage ce terme, l'appliquait à toutes les peines et à toutes les émotions
désagréables ». — « L'enfant, dit ailleurs le même
psychologue (3), apprend à nommer mon genou, un
genou. Immédiatement il appelle le coin de la table
un *genou* ; le bout de bois au feu se termine par un
genou ; la montagne, c'est un *gros genou*, et la plume
a son petit *genou* aiguisé. » — Une fillette donnait
le nom de lune au globe opalin d'une lampe allumée.

<hr>

(1) Voy. Preyer, *ouv. cité*, ch. XVIII.
(2) *Le développement mental chez l'enfant et dans la race*,
p. 297.
(3) *Interprétation sociale et morale des principes du développement mental*, p. 133.

Le petit Robert, à sa première découverte de la mouche, l'appela un petit oiseau. Il lui arriva également d'appliquer la dénomination de *notre Seigneur Jésus-Christ* à un garçon boulanger qui se tenait le buste nu sous la porte cochère d'une maison, n'ayant vu jusque-là que le Christ dans un pareil décolletage. Le mot épingle fut étendu par un autre enfant à une miette de pain qu'il venait de ramasser, à une mouche, à une chenille et semblait signifier pour lui une petite chose que l'on prend entre ses doigts. L'enfant de Romanes appliquait le mot étoile, le premier qu'il eût appris après « papa et maman », à tous les objets brillants, comme les bougies, la flamme du gaz, etc. Les exemples suivants, donnés par Taine (1), sont classiques : « Une petite fille de deux ans et demi avait au cou une médaille bénite ; on lui avait dit : « C'est le bon Dieu », et elle répétait « C'est le bo Du. » Un jour, assise sur les genoux de son oncle, elle lui prend son lorgnon et dit : « C'est le bo Du de mon oncle. » — Un an plus tard, la même enfant, à qui l'on faisait nommer toutes les parties du visage, disait, après un peu d'hésitation, en touchant ses paupières : « Ça, c'est les toiles des yeux. » — Un petit garçon d'un an avait voyagé plusieurs fois en chemin de fer. La machine, avec son sifflement, sa fumée et le grand bruit qui accompagne le train, l'avait frappé ; le pre-

(1) *De l'Intelligence*, t. I, p. 46-47.

mier mot qu'il eût prononcé était *fafer* (chemin de
fer); désormais, un bateau à vapeur, une cafetière à
esprit-de-vin, tous les objets qui sifflent, font du
bruit et jettent de la fumée étaient des *fafer*. Un
autre instrument fort désagréable aux enfants (par-
don du détail et du mot, il s'agit d'un clysopompe)
avait laissé en lui, comme de juste, une impression
très forte. L'instrument, à cause de son bruit, avait
été appelé un *zizi*. Jusqu'à deux ans et demi, tous les
objets longs, creux et minces, un étui, un tube à
cigares, une trompette étaient pour lui des *zizi*, et
il ne s'approchait d'eux qu'avec défiance. »

Il en est des noms signifiant les actions comme
des noms de choses : un enfant appelait le pétille-
ment du feu, un *aboiement* ; un autre l'aboiement
d'un chien, une *toux*; un autre encore donnait le nom
de *bain* à l'action de tremper du pain dans du jus.

D'autres fois, de mots connus, l'enfant, par le même
procédé analogique, tire de nouveaux termes (1), en
formant par exemple un substantif avec un verbe
sur le modèle d'autres substantifs formés de la sorte.

« L'enfant, une fois mis en possession de quelques
mots, dit M. Compayré (2), est très prompt à en ima-
giner d'autres par dérivation. Or ces mots inventés

---

(1). Il remplace semblablement, par un mot connu, le mot
qui lui manque pour s'exprimer. A cette assertion de sa mère
malade qu'il n'avait pas dit telle chose, un enfant répondit :
« Je l'ai dit ; mais tu ne l'as pas entendu ; étant malade, tu
es *aveugle de l'oreille*. »
(2) *Ouv. cité*, p. 249-250.

par l'enfant le sont, presque toujours, très logiquement. Les enfants diront, par exemple, *déproche-toi*,
pour « éloigne-toi. » Georges s'amuse dans le jardin à
tuer les limaces, qui dévorent ses fleurs : « Je suis,
dit-il, un *limacier* ; » il fabrique, avec la terminaison
ier, un substantif de son cru, par ressemblance avec
des mots qu'il a déjà employés : le voiturier s'occupe
des voitures ; le « limacier » s'occupe des limaces, pour
les tuer, il est vrai ; mais la plus petite analogie suffit. M. Egger relate un exemple semblable. « Émilie
voit casser un cerceau ; elle demande qu'on le porte
chez le cerceonnier. J'écris, comme je le puis, le mot
qu'elle invente, en rattachant tant bien que mal à la
finale du *cerceau* la terminaison qu'elle a remarquée
dans charbonnier et dans cordonnier » (1). Un des enfants observés par M. Egger, se rappelant que *rendre*
a pour participe *rendu*, disait *prendu* de *prendre*,
éleindu de *éteindre*. D'autres s'obstinent à dire *à
les* pour *aux*. J'avais eu quelque peine à apprendre
à un enfant de trois ans que le pluriel de *cheval* est
chevaux ; un jour passe dans la rue un escadron de
dragons : « Papa, me cria l'enfant, voilà des soldats
à *chevaux*. » Et la logique puérile mettait ma grammaire en déroute ! Cette logique naturelle est si puissante que Max Muller a pu écrire : « Ce sont les
enfants qui épurent les langues ; ils ont éliminé peu

_____

(1) Comme ce suffixe *ier* sert aussi à former les noms
d'arbres fruitiers, tels que pommier, poirier, cerisier, aman-
dier, ma fillette Louise appelle le chêne un *glandier*.

à peu un grand nombre de formes irrégulières. » —
« L'instinct de l'enfant, dit J. Sully, cherche à simplifier nos formes, à se débarrasser de nos irrégula-
rités ; c'est ce qui est très frappant dans l'usage
qu'il fait des formes hétérogènes du verbe *to be* (être).
C'est être bien exigeant pour un enfant que de s'at-
tendre à ce qu'à la question ‹ Es-tu sage maintenant ? » il réponde « Oui, je le suis » et non « Oui, je
l'*es* (1). »

Lorsque l'enfant commence à parler, la plupart
des verbes qu'il apprend se conjuguant sur *aimer*, il
est alors porté à les faire tous de la première conju-
gaison, et emploie par exemple *buver, cueiller, metter*,
pour *boire, cueillir, mettre*. Louise disait *ayer* pour
avoir. Plus tard, d'autres dérivations ont lieu. Ainsi,
Paul, à quatre ans, dit à sa mère : « Maman, viens
m'*essuir* », tirant sans doute cet infinitif de *essuie*,
par analogie de consonance avec *finir* et *finis*. Il dit
désattacher pour *détacher* ; tu *voiras*, tu *couriras*, on
mourirait, à quoi cela *servit ?* qu'est-ce qu'ils *faisent ?*
je veux que tu le *prendes*, au lieu de *verras, courras,
mourrait, sert, font, prennes*. — *Cuite*, féminin de
cuit, l'entraîne à dire *crute* pour *crue* ; une châtaigne
cuite, une châtaigne *crute*.

Et ce n'est pas seulement dans l'extension du sens
des mots, ou dans le travail grammatical de leur formation, c'est aussi dans la construction des propositions et des phrases que se rencontre cette même

(1) *Ouv. cité*, p. 244.

logique des enfants. « Si l'on y faisait bien attention, a écrit Rousseau (1), l'on serait étonné de l'exactitude avec laquelle ils suivent certaines analogies, très vicieuses si l'on veut, mais très régulières, et qui ne sont choquantes que par leur dureté ou parce que l'usage ne les admet pas. Je viens d'entendre un pauvre enfant bien grondé par son père pour lui avoir dit : *Mon père, irai-je-t-y ?* Or on voit que cet enfant suivait mieux l'analogie que nos grammairiens ; car, puisqu'on lui disait, *vas-y*, pourquoi n'aurait-il pas dit, *irai-je-t-y ?* Remarquez de plus avec quelle adresse il évitait l'hiatus de *irai-je-y*, ou *y irai-je ?* Est-ce la faute du pauvre enfant si nous avons mal à propos ôté de la phrase cet adjectif déterminant, *y*, parce que nous n'en savions que faire ? »

Dans la construction des phrases, ce sont les pronoms qui donnent le plus de peine à l'enfant, surtout les pronoms *moi* et *je*. De tels mots ne s'appliquant qu'à celui qui les prononce, on ne les emploie pas quand on parle de lui à l'enfant ; il les voit à chaque instant changer d'objet, sans en être jamais l'objet lui-même : aussi n'a-t-il pas l'idée de s'en servir ; et, quand il veut désigner sa propre personne, il s'appelle par son nom : donner à Paul, mener Paul. « J'ai entendu, dit Mme Necker de Saussure (2), un enfant qu'on tutoyait se servir toujours du pronom *tu*

(1) *Émile*, liv. I.
(2) *Ouv. cité*, liv. II, ch. vi.

en parlant de lui-même. L'introduction du *je*, ajoute-t-elle, serait curieuse à observer. »

Cette observation a été faite de nos jours. J. Sully en a résumé ainsi les résultats (1) : « On peut dire d'une manière à peu près certaine que la transition de l'expression *Bébé* (Bébé est sage) à *Je* (Je suis sage) a lieu dans la première moitié de la troisième année. Parmi les dates assignées par les différents observateurs, nous trouvons vingt-quatre et vingt-cinq mois (Preyer), entre vingt-cinq et vingt-six (Pollock), vingt-sept (le petit C...). Une dame de nos amies nous dit que son fils a fait usage du *je* à vingt-quatre mois. Dans le cas de certains enfants précoces, ce résultat est atteint encore plus tôt ; ainsi Preyer cite le cas d'un enfant parlant à la première personne à l'âge de vingt mois. La docteur F. Schultze en cite un autre qui a commencé à s'en servir à dix-neuf mois. Un de nos amis, professeur de littérature anglaise, dont le fils a montré une grande précocité pour construire des phrases, employait déjà à seize mois les mots *moi* et *je*. Le fils de Preyer, au contraire, qui paraît évidemment avoir assez retardé pour parler, ne se servit de la forme *mir* (à moi) qu'à l'âge de vingt-neuf mois. »

Il peut arriver que ce passage de l'enfant à l'emploi du pronom provienne en certains cas de la simple imitation : l'enfant entendant fréquemment les mots *moi*, *je*, *mien*, particulièrement de la bouche d'en-

(1) *Ouv. cité*, pp. 246-247.

fants plus âgés, s'en sert de même, sans les comprendre, puisqu'il y joint son nom propre. La petite Babet, âgée de deux ans et demi, s'écriait : « Babet ma chaise » au lieu de « ma chaise », et Ilda, la fille de Romanes, disait : « Ilda mon livre » pour « mon livre ».

Mais la transition semble être principalement due au développement de la conscience de la personnalité, à une distinction très nette du moi, comme centre de pensée et d'activité, d'avec les personnes qui se trouvent en relation avec ce moi. Ce n'est pas que le sentiment de la personnalité commence avec l'usage du mot *moi*. L'enfant possède, sans aucun doute, une vague conscience de celle-ci, avant de pouvoir conjuguer la première personne des verbes. Preyer le note expressément : « Beaucoup d'enfants, de caractère très entêté et très personnel, dit-il, ont un sentiment très développé du moi, sans que cependant ils se désignent eux-mêmes autrement que par leur nom... Seulement, en apprenant à parler, l'enfant précise la distinction des notions *je, moi, mien*; le sentiment du moi s'affirme et se développe, mais il ne se constitue pas (1). »

Comment se constitue-t-il donc ? Cela semble d'abord résulter pour l'enfant du toucher et de la vue de son propre corps. On l'a observé examinant avec attention ses doigts dès le quatrième mois et cette investigation continue jusqu'à la troisième année (2).

(1) *Ouv. cité*, p. 449.
(2) Voir pour les faits Preyer, *ouv. cité*, ch. xix.

Il paraît, ce faisant, avoir de bonne heure conscience qu'en saisissant avec la main une partie quelconque de son corps, il éprouve une sensation différente de celles que lui procure un objet étranger. Grâce à cette expérience particulière, aux coups qu'il se donne, ainsi qu'aux opérations de toute sorte souvent très désagréables par lesquelles la nourrice le fait passer durant la première année de sa vie, il commence à comprendre que ce corps, où se localisent la souffrance et le plaisir, est son *moi*.

Mais la constatation qu'il fait des changements apportés par son activité propre dans les objets quelconques de son entourage, le sentiment qu'il a d'être la cause de divers mouvements, d'accomplir de petits efforts quotidiens, voilà surtout ce qui donne à l'enfant la conscience de son moi. C'est, dit Preyer(1), « un jour très significatif dans la vie de l'enfant, que celui où il s'aperçoit des relations existant entre un mouvement qu'il exécute et une impression sensitive qui suit ce mouvement. Ainsi l'enfant découvre, au cinquième mois, le bruit qui se produit quand il déchire ou froisse du papier; jour après jour, il répète cette expérience, jusqu'à ce que la relation constatée ait perdu pour lui l'aspect de la nouveauté. Il n'y a certes pas, à cette époque, de notion claire de causalité, mais l'enfant a vu par expérience qu'il peut être lui-même la cause d'une perception visuelle et auditive tout ensemble, puisque, quand il déchire le pa-

_____

(1) *Ouv. cité*, pp. 441-442.

pier, il y a régulièrement amoindrissement des morceaux et bruit. La patience avec laquelle il continue à s'occuper ainsi s'explique par la satisfaction qu'il éprouve à être une cause de modifications, et à percevoir que la transformation si frappante d'un journal entier en de petits morceaux est due à sa propre activité. » Preyer cite à l'appui de ce fait un grand nombre d'autres exemples, où l'enfant se montre absorbé dans des occupations en apparence dépourvues d'intérêt, comme de secouer les clefs suspendues à un anneau, d'ouvrir et de fermer une botte, de vider et de remplir à nouveau un tiroir, d'accumuler du sable et de le disperser, de feuilleter des livres, de porter d'un endroit à un autre des tabourets, d'aligner des coquilles, des pierres, des boutons, de vider et remplir des bouteilles, des arrosoirs, de jeter des pierres dans l'eau (ces derniers exemples du trente et unième au trente-troisième mois), le tout d'une façon continue et répétée. « La satisfaction que ces actions procurent à l'enfant doit être considérable; elle repose sans doute sur le sentiment qu'a l'enfant de sa propre force et sur le sentiment orgueilleux de jouer le rôle de cause, sentiments qui sont la conséquence naturelle des mouvements spontanés par lesquels il change l'emplacement, la position, la forme des objets. Ces occupations ne sont pas un jeu pur et simple, quand bien même on leur appliquerait ce nom : c'est de l'expérimentation. L'enfant qui d'abord, jouant comme un chat, ne s'amusait que de la forme, de la couleur et du mouvement, est devenu un *être causal.* » Ici essentiellement il puise le sentiment de sa personnalité naissante.

C'est si bien dans son activité spontanée que l'enfant prend vraiment conscience de lui-même que, personnifiant la nature et les choses, assimilant leurs actes aux siens propres, il suppose des intentions, une volonté, une causalité analogue à la sienne dans tout ce qui agit et réagit autour de lui, dans tout ce qui se meut, le vent, l'eau, la fumée, le feu, comme ses semblables ou les animaux.

Ainsi faisait cette petite fille de deux ans qui grondait le vent d'avoir ébouriffé sa mère. Les enfants, même plus âgés, le prennent pour une chose vivante et sont toujours prêts à s'amuser à lutter contre lui. « Tout mouvement spontané ou automatique en apparence, dit J. Sully, est, pour l'enfant, comme pour l'homme primitif, le signe de la vie, le résultat d'une chose analogue à ses propres impulsions. De là les mouvements des feuilles flétries, de l'eau courante, des plumes, de tout ce qui suggère l'idée de vie. La vie attribuée au vent est due à ses mouvements sans cause apparente. Quelques élèves de la classe enfantine d'une école normale primaire à Londres furent interrogés sur ce qu'il y avait de vivant dans la chambre. Ils répondirent aussitôt : « La fumée et le feu. » D'immenses choses mues par un mécanisme intérieur que l'enfant ne comprend pas, particulièrement les machines, sont naturellement pour lui

douées de vie. Une petite fille de treize mois offrit un
biscuit à un train à vapeur et l'auteur de *The Invisible
Playmate* (M. Canton) nous raconte que sa petite fille
voulait caresser « la jolie tête » de la locomotive.
Un autre enfant demanda si la machine à vapeur
était vivante (1). »

Michelet raconte qu'un de ses premiers souvenirs
remonte à l'époque où, habitant dans la rue Mont-
martre (il avait alors quatre ans), il faillit avoir la
tête coupée par une fenêtre à guillotine. « J'étais
grimpé sur une chaise et je regardais dans la cour.
Ma grand'mère ne m'eut pas plustôt enlevé que la vitre
retomba avec un grand bruit. Nous restâmes tous
deux un moment stupéfaits ; ma grand'maman, agitée
de mouvements convulsifs, m'adressait des reproches
qu'elle mêlait de baisers et de larmes, ce qui me laissait assez froid. Toute mon attention était pour cette
fenêtre que j'avais vue marcher toute seule comme
une personne et beaucoup plus vite. J'étais persuadé
qu'elle avait voulu me faire du mal, et, pendant longtemps, je ne l'approchais plus qu'avec un sentiment
de crainte et de colère (2). »

Cette tendance des enfants à interpréter tout mouvement automatique comme un signe de vie peut leur
faire négliger la circonstance qu'il est produit par
une force extérieure, et cela même lorsqu'il est directement causé par eux. « Le petit C...., sentant que le

(1) *Ouv. cité*, pp. 185-136.
(2) *Ma jeunesse*, p. 17.

coussin sur lequel il était assis glissait sous lui, déclara qu'il était vivant. Une petite fille de cinq ans arrêta un jour son cerceau et se tournant vers sa mère : « Maman, s'écria-t-elle, je crois que mon cerceau est vivant, il est si intelligent! Il va où je veux. »

Il n'est pas jusqu'aux sons que semblent produire spontanément des objets inanimés, qui ne portent l'enfant à se figurer dans ceux-ci une activité de même ordre que la sienne. En ce sens, le bruit du vent contribue beaucoup à lui persuader qu'il est vivant. « Un petit garçon assurait à son professeur que le vent était vivant, « car, disait-il, je l'entends siffler la nuit ». Les crépitements et pétillements du feu entraînent l'imagination à lui attribuer la vie, et le halètement et le sifflement de la locomotive donnent une apparence vivante à l'objet qui ressemble le moins à un être organique. Pierre Loti enfant, lorsqu'il vit la mer pour la première fois, la considérait, sans doute à cause de son mouvement et de sa rumeur, comme un monstre vivant. La personnification de l'écho par l'enfant, dont les souvenirs de George Sand nous donnent un excellent exemple, personnification que fait aussi l'ignorant, est une preuve manifeste du pouvoir suggestif d'un son rappelant la voix humaine (1). »

L'anthropomorphisme des enfants dans leur conception du monde les conduit à assimiler les mœurs

(1) J. Sully, ouv, cité, pp. 137-138.

des animaux à celles des hommes. Ainsi faisait ce petit
garçon de trois ans et neuf mois qui assaillait sa mère
de questions de ce genre : Que mangent les gre-
nouilles, et les souris, et les oiseaux, et les papillons ?
Que font-ils ? Comment s'appellent-ils ? Quel est le
nom de leurs maisons ? Comment s'appellent leurs
rues, leurs places publiques ? etc. A peu près vers le
même âge, Paul a demandé : « Qui fait la soupe du
poulain ? »

Non seulement l'enfant est enclin à croire que
toutes choses dans le monde se comportent comme
lui, mais encore il recherche partout une fin quelconque ou un but défini. Lorsqu'il s'enquiert, par
exemple, *pourquoi le vent souffle*, il veut dire : *Quel
est son but en soufflant? ou à quoi cela sert-il?* « Pourquoi, me dit Paul, qui avait alors trois ans et demi,
les papillons ont-ils des ailes ? » Et comme je lui ré-
pondais : « Pour voler », il reprit : « Pourquoi volent-
ils ? » — L'enfant s'intrigue aussi de ce que deviennent les choses. Vers la même époque, Paul me
demanda un jour à table : « Où passe tout ce que je
mange ? » « A quatorze mois, dit B. Pérez, un enfant
cherchait toujours à savoir où allaient la miette de
pain ou la goutte de lait qu'il avait laissé tomber ;
souvent il prenait sa main gauche avec sa main droite,
faisait comme qui la jette, regardait à terre où
elle était tombée (1). » — Bien plus, l'enfant s'ima-

(1) *L'Éducation intellectuelle dès le berceau*, p. 199 (Paris,
F. Alcan).

gine que rien n'a d'utilité ou de raison d'être que
par rapport à nous. Cette idée que l'on peut appeler
anthropocentrique parce qu'elle fait de l'homme le
centre, le but de tous les actes de la nature lui est
d'ailleurs commune avec l'adulte ignorant. L'homme
primitif regardait le vent, la pluie et le tonnerre
comme produits par quelque esprit irrité, et de nos
jours maint paysan partage sans doute cette manière de voir. Lorsque le jeune C... entendit la mer
pour la première fois, il crut qu'elle faisait du bruit
pour lui. La petite fille de M. Canton croyait « que le
vent, la pluie et la lune venaient la contempler en faisant leur promenade et que les fleurs s'éveillaient avec
la même louable intention ».

Un curieux exemple d'application de cette tendance
anthropocentrique de l'enfant se trouve dans le re-
cueil de Worcester. Deux garçonnets de cinq et dix
ans vivaient dans une toute petite ville des États-
Unis. L'aîné lisait un jour à sa mère le récit d'un
tremblement de terre : « Oh ! maman, comme c'est
horrible ! Crois-tu qu'il y en aura jamais ici ? — Bien
sûr que non, interrompit l'autre, on n'a jamais de
tremblements de terre dans les petites villes. » Il
semble, fait remarquer J. Sully qui rapporte cette
délicieuse observation enfantine, que le tremblement
de terre est envisagé par le petit bonhomme de cinq
ans comme une espèce de spectacle dont Dieu, pareil
à un forain ambulant, n'étalerait les merveilles que
devant un nombre respectable de spectateurs.

Peu à peu cette idée du but ou de l'utilité des choses devient secondaire pour l'enfant, et il arrive à s'intéresser davantage à leur provenance, à leur fabrication, à leur mécanisme. Il se demande comment sont produits les cailloux, les arbres, les oiseaux, les étoiles. A la recherche de la cause finale succède la recherche de la cause efficiente. Mais ici apparaît encore la croyance anthropomorphique. L'enfant, en effet, présuppose toujours comme point de départ que tout a été façonné à la main de la même manière que les objets de nos habitations ; le monde n'est, pour lui, qu'une grande maison où chaque chose a été faite par quelqu'un ou tout au moins apportée de quelque part. La raison de cette croyance, c'est que « lui-même fait beaucoup de choses tous les jours, en particulier des trous à ses habits, des taches sur la nappe, etc., dont on a soin de lui imprimer le souvenir. Aussi prend-il un vif intérêt à surveiller la fabrication de différentes choses par les autres, la confection des gâteaux et des habits, la construction des maisons, l'arrangement des meules de foin. Demander qui a fait les animaux, les bébés, le vent, les nuages, etc., c'est tout simplement, pour lui, appliquer le type le plus familier de causalité comme règle. Il en est de même pour la question d'où viennent les choses, si l'on achète, par exemple, les bébés dans des boutiques » (1).

Aux questions des enfants sur l'origine des choses

(1) J. Sully, ouv. cité, p. 114.

l'on satisfait souvent en leur donnant Dieu comme
l'artisan universel, comme le fabricateur souverain ;
aussi pour concevoir cet être tout-puissant se le re-
présentent-ils à l'image de ces géants dont parlent
leurs contes de fées.

D'après Stanley Hall, Dieu est considéré par les
uns comme un homme d'une grandeur extraordi-
naire (1) ; par d'autres, comme un être énorme dont
les membres couvrent la surface du ciel ; et par
d'autres encore, comme étant si gigantesque qu'il
peut se tenir debout sur terre et toucher les nuages.
« Les enfants, dit Sully, supposent, conformément
du reste aux enseignements reçus, que Dieu habite
le ciel juste au-dessus de la voûte blanche et bleue
qui s'appelle le firmament... Ils le considèrent quelquefois comme habitant une des étoiles. Un des
enfants de M. Kratz le plaçait là-haut dans la lune,
sans doute à cause de la légende de l'homme de la
lune (2). Nous remarquons aussi une tendance à
rapprocher la terre du ciel, afin d'expliquer la fré-

(1) Cette tendance à l'humaniser faisait demander par
une petite fille : « Y a-t-il une Madame Dieu ? » — Même
interprétation des mystères du christianisme : un enfant,
qui était fils unique, assimilait la Trinité à sa propre famille,
où la mère représentait le Saint-Esprit.

(2) Quant à sa demeure proprement dite (grande maison,
palais ou château), elle est conçue à l'image de nos maisons
familières comme on le voit dans cette prière d'une fillette
de sept ans dont le grand-père venait de mourir : « S'il te
plaît, mon Dieu, puisque grand-papa est allé près de toi,
prends bien soin de lui. Pense toujours s'il te plaît, à
fermer la porte, parce qu'il ne peut pas supporter les cou-
rants d'air. »

quente présence et l'activité de Dieu ici-bas. Un des enfants de M. Kratz disait que Dieu était « là-haut sur la colline », et une petite fille de cinq ans avait l'habitude de monter sur un vieux pommier pour lui faire visite et lui dire ce qu'elle désirait...

« Relégué ainsi dans les régions supérieures du firmament, Dieu doit faire beaucoup de choses, et les faire à notre intention naturellement, nous envoyer la pluie, etc. Ce qui paraît impressionner particulièrement les enfants, surtout les garçons, dans l'idée traditionnelle de Dieu, c'est son pouvoir de faire les choses. Il est avant tout l'artisan, le démiurge qui non seulement a fait le monde, les étoiles, etc., mais est constamment occupé à satisfaire les hommes. Le petit garçon a une grande admiration pour le créateur. L'un d'eux, à trois ans et dix mois, voyant une troupe d'ouvriers revenant de leur ouvrage, demanda à sa mère étonnée : « Maman, est-ce que ce sont des dieux ? — Des dieux ? pourquoi ? — Parce qu'ils font des maisons et des églises, maman, comme Dieu fait des lunes, des gens et des petits toutous. » Un autre enfant regardant un homme en train de réparer des fils télégraphiques, perché sur un long bâton sur le toit d'une très haute maison, demanda si c'était Dieu...

« L'enfant admire non seulement le pouvoir créateur de Dieu, mais aussi son habileté. Un petit garçon disait un jour à sa mère qu'il voudrait aller au ciel pour voir Jésus : « Pourquoi, lui demanda-t-on ?

— Oh ! parce que c'était un grand escamoteur. »
L'enfant avait, un peu auparavant, vu un réel escamoteur, et cet événement de sa vie lui avait fait
envisager sous un nouveau jour le faiseur de miracles
du Nouveau Testament » (1).

Cette question de Dieu fait naître du reste chez les
enfants les idées les plus saugrenues. L'éducation ne
fournissant à leur intelligence aucune explication
solide d'un être suprême, et concédant à celui-ci des
attributs d'omniscience, d'omnipotence, d'omnipré-
sence et d'éternité notamment, qui ne concordent
pas avec les idées déjà acquises, engendre à chaque
instant le scepticisme ou des contradictions for-
melles. « Maman, est-ce que Dieu sait quand tu vas
t'arrêter ? » disait un petit garçon qu'ennuyait une
longue semonce de sa mère. — Un autre petit garçon de neuf ans demandait : « Si j'étais allé en haut,
est-ce que Dieu pourrait faire que je ne sois pas
monté ? » — Puisque Dieu demeure dans le ciel,
comment peut-il être présent partout ? Aussi l'enfant
rejette-t-il l'idée d'ubiquité. Un petit Anglais,
informé par sa sœur aînée que Dieu peut nous voir
sans que nous puissions l'apercevoir, lui répondit
après un peu de réflexion : « J'en suis bien fâché,
ma chère, mais je ne peux pas te croire. » D'ailleurs,
cet œil toujours prêt à l'épier lui répugne. Une psychologue américaine, miss Shinn, parle d'une fillette
qui, apprenant qu'elle était ainsi sous une surveil-

(1) Ouv. cité, pp. 177-181.

lance constante, déclara « qu'elle ne voulait pas être espionnée ». — Un enfant de sept ans et demi, observé par M. Egger (1), demandait à sa mère ce qu'il y avait avant le monde. « Dieu qui l'a créé », lui répondit celle-ci. — « Et avant Dieu ? » — « Rien. » A quoi l'enfant répliqua : « Oh ! si, il devait y avoir la place où Dieu est. » — « Par un temps de pluie, rapporte le Dr Bernard Munz (2), l'ennui met aux prises Robert et Feddi. Leur oncle les interpelle : « Mes enfants, demeurez donc en paix. Qu'est-ce que Dieu va penser de vous en vous voyant si querelleurs? » Et Bob de murmurer : « Il ne pense rien du tout. T'imagines-tu qu'il peut voir à travers un ciel si épais et si noir ? » — « Je te dis, Amélie, que le bon Dieu est partout, même dans la cave. » Mais Amélie met en doute la parole de sa mère, à cause de ce fait incontestable que, dans la cave, il y a un tas de pommes de terre. — Une jolie petite fille a une chevelure rousse ; elle entend fréquemment les voisins et les domestiques déplorer la chose ; la grand'mère l'en console : « Mon enfant, c'est le bon Dieu qui a fait tes cheveux et tout ce qu'il fait est bien fait. — Je préférerais pourtant, répond la petite, ne rien lui donner à faire dorénavant. » — Une mère est assise, à l'approche de l'orage, en compagnie de ses enfants, sur la terrasse d'un jardin. Des

(1) *Observations et Réflexions*, etc., p. 55.
(2) *La Logique chez l'enfant*, art. de la *Revue philosophique* (juillet 1896), traduit de l'allemand par A. Keller.

éclairs sillonnent le ciel. Et pour que les enfants aient d'abord une explication du phénomène, la mère justifie les lueurs soudaines parmi les nuées obscures, par la porte du ciel que le bon Dieu ouvre précipitamment pour jeter les yeux sur les enfants. A un éclair aveuglant succède soudain un coup de vent d'une violence extrême, ce qui fait dire au petit Paul qui a quatre ans : « Vois-tu comme ça tire quand il ouvre la porte? »

Ainsi qu'on peut le constater dans ce dernier exemple, la tendance qui pousse l'enfant à juger de toutes choses par analogie avec lui-même, l'entraîne encore à concevoir ce qui est distant et inaccessible à ses sens sur le modèle de ce qui est rapproché et observable, ce qui est étrange et nouveau pour lui d'après ce qui lui est familier.

Il est disposé notamment à situer les objets éloignés qu'il aperçoit, comme le soleil, la lune et les étoiles, aussi près que possible de la surface de la terre. « Cette impulsion naturelle, qui fait que le bébé tend la main pour toucher la lune, persiste plus tard lorsqu'il localise le firmament et les corps célestes juste au delà de l'objet terrestre le plus éloigné de sa vue. Un enfant croyait qu'ils étaient placés immédiatement au-dessus de la flèche de l'église ; un autre, qu'ils pouvaient être atteints en attachant un certain nombre d'échelles les unes aux autres ; un troisième que le soleil couchant descendait tout près derrière la chaîne des collines.... De même, lorsque les enfants entendent parler d'un pays éloigné, de l'Inde, par exemple, ils tendent à le rejeter au delà de l'endroit le plus éloigné qu'ils connaissent. » (1)

Le monde, s'imaginent-ils, est une plaine circulaire avec le ciel au-dessus comme un bol renversé. Cette croyance primitive une fois modifiée par l'éducation, ils s'efforcent de donner à ce qu'on leur dit une forme intelligible, bâtissant des hypothèses sur ce qui se trouve de l'autre côté du globe terrestre et se figurant qu'ils peuvent le savoir en regardant au fond d'un puits. Ils se font une idée des mouvements du soleil et des autres corps célestes à l'aide de ce qu'ils savent des mouvements des objets terrestres qui leur sont familiers. Le soleil, par exemple, est une chose pouvant rouler, voler, être gonflée (comme une bulle de savon ou un ballon) et ainsi de suite. De petits Américains, observés par Sully, s'imaginaient que le tonnerre était produit par les coups de marteau de Dieu ou par le bruit du charbon qu'on lui apporte, idées, remarque ce psychologue, qui montrent la naïveté avec laquelle l'enfant humanise Dieu et en fait un respectable bourgeois ayant maison et cave à charbon. Les éclairs sont de même attribués à Dieu brûlant du gaz rapidement, ou allumant plusieurs allumettes à la fois, ou ayant recours à d'autres moyens ordinairement employés par l'homme pour obtenir tout à

(1) Pour Anatole France enfant, « la Chine était derrière l'Arc-de-Triomphe ». — Voy. le Livre de mon ami, p. 13.

coup une lumière brillante. Pareillement, Dieu verse
la pluie par un robinet ou la fait tomber au moyen
d'un tuyau plongé dans une citerne, ou mieux
encore la passe à travers un tamis (1).

Nous avons, en ces divers cas, pris sur le vif le
mode de raisonnement de l'enfant. Ce qui caractérise
son intelligence essentiellement logique, c'est un
besoin de coordination, un goût très vif pour rapprocher les choses les unes des autres et les simplifier.
Son petit cerveau, pressé par tant d'idées qu'il ne
peut comprendre, essaie de mettre un peu d'ordre
dans l'amas des connaissances décousues fournies
par sa propre expérience et par l'enseignement, de
condenser ses notions hétérogènes en un tout intelligible et complet. Pour cela, il s'efforce de trouver
un rapport quelconque entre les choses étranges et
nouvelles pour lui qu'il observe ou dont il entend
parler chaque jour et le monde qui lui est familier ;
il cherche à relier ses connaissances récemment
acquises aux anciennes, à jeter une lumière sur ce
qui est inconnu ou obscur en le rapprochant de
ce qu'il sait déjà, opération pour laquelle il se
contente de la plus vague ressemblance entre les
objets.

Cette sorte d'inférence constitue *le raisonnement
par analogie* (2). « Il est, dit M. Ribot, le principal

(1) Voy. J. Sully, *ouv. cité*, pp. 140-144.
(2) Le raisonnement par analogie est déjà d'un ordre bien
supérieur à la simple inférence du particulier au particulier.

instrument logique de l'enfant et de l'homme primitif; base de l'extension du langage, des classifications vulgaires et pratiques, des mythes, des premières connaissances quasi scientifiques. C'est une induction qui commence et il en diffère non par sa forme mais par sa matière qui est mal établie. « Deux choses se ressemblent par un ou plusieurs caractères; une proposition donnée est vraie de l'une, donc elle est vraie de l'autre. A est analogue à B; *m* est vrai de A,

qui serait, d'après Stuart Mill, le type de tout raisonnement, et notamment le genre de raisonnement propre à l'enfant. « Toutes nos inférences primitives, dit-il (*Système de logique déductive et inductive*, trad. Peisse, t. I, p. 210, Paris, F. Alcan), sont de cette nature (du particulier au particulier). Dès les premières lueurs de l'intelligence, nous tirons des conclusions, et des années se passent avant que nous apprenions l'usage des termes généraux. L'enfant qui, ayant brûlé son doigt, se garde de l'approcher du feu, a raisonné et conclu, bien qu'il n'ait jamais pensé au principe général : « Le feu brûle ». Il se souvient qu'il a été brûlé, et sur ce témoignage de sa mémoire, il croit, lorsqu'il voit la bougie, que s'il met son doigt dans la flamme, il sera encore brûlé. Il croit cela dans tous les cas qui se présentent, mais chaque fois sans voir au delà du cas présent. Il ne généralise pas; il infère un fait particulier d'un autre fait particulier. C'est aussi de la même manière que raisonnent les animaux. » — Mais, dans l'inférence analogique, l'enfant va plus loin : il ne se contente pas à la vue d'un fait de conclure à la reproduction de la conséquence habituelle de ce fait, comme quand il prévoit que la flamme le brûlera, parce qu'elle l'a déjà brûlé; il conclut à la possibilité de la même conséquence pour des faits notablement différents, quoique semblables à quelques égards au premier : tel l'enfant de Preyer (Voy. *l'Ame de l'enfant*, pp. 302-303), qui, à l'âge d'un an et demi, tendait des brins d'herbe à un pinson sautillant sur le chemin, comme il avait tendu quelques jours auparavant des feuilles à un mouton.

donc *m* est vrai de B. » Telle est la formule de Stuart
Mill. L'animal ou l'enfant qui, maltraité par une personne, étend sa haine à toutes celles qui lui ressemblent, raisonne par analogie. Il est clair que ce procédé du connu à l'inconnu est à valeur variable,
depuis zéro jusqu'au cas où il se confond avec l'induction parfaite (1). »

Comment, dans la marche du connu vers l'inconnu,
l'enfant peut-il s'élever de l'inférence analogique
aux formes parfaites de l'induction et de la déduction,
c'est ce qu'il nous faut maintenant rechercher.

(1) *Ouv. cité*, pp. 31-32.

CHAPITRE II

LES FORMES PARFAITES DU RAISONNEMENT

Nécessité pour l'enfant de contrôler ses conceptions primi
tives. — Le principe d'identité et son rôle. — Le princip
de causalité et son rôle. — Nature de ces principes. — Grâc
à eux l'enfant est capable d'induire et de déduire. — *L'in
duction*; — son principe; — en quoi elle diffère de l'asso
ciation des idées; — sa supériorité sur l'analogie. — *La dé
duction*; — son principe. — Rôle essentiel de ces deux forme
du raisonnement. — Leurs conditions de validité. — Le
sophismes.

Le caractère propre de l'intelligence enfantine
avons-nous vu, c'est le *besoin de coordination*, à l
satisfaction duquel suffisent tout d'abord les moin
dres ressemblances entre les choses. Mais cett
tendance instinctive à *identifier* les représentation
diverses est bientôt contrariée par la réalité. « L'en
fant porte tout ce qu'il peut saisir à sa bouche, mai
il éprouve souvent ainsi d'amères désillusions. I
apprend qu'il y a encore plus d'objets et de circons
tances que sa philosophie simpliste ne lui en avai

fait soupçonner (1)... De ce qu'un doigt a quelque chose de commun avec un bout de sein, il ne peut cependant pas le remplacer sous tous les rapports. Parce que le lait possède à la fois bon goût et bonne odeur, cela ne veut pas dire que la fleur qui sent bon a aussi bon goût, et qu'elle doit être portée à la bouche. Tout visage riant n'annonce pas que bientôt on va manger ou jouer. Parce que la brebis a volontiers pris les feuilles qu'on lui tendait, cela ne veut pas dire que l'oiseau fera de même. Un petit garçon exprimait franchement l'opinion que la neige devait être sucrée « parce que la neige est blanche et que le sucre aussi est blanc ». La vue du blanc provoque le souvenir du doux, et cette association du blanc et du doux règne primitivement dans la conscience. Mais l'expérience rompt impitoyablement cette association (2). »

De là pour la pensée qui s'éveille la nécessité de vérifier la valeur de ses conceptions primitives, en tenant compte des différences qui se présentent. Cet examen a lieu, comme l'enseigne la Logique, en prenant pour critérium le rapport de similitude idéale

---

(1) Le souriceau de La Fontaine, décrivant à sa mère le chat, cet animal si doux avec lequel il aurait volontiers fait connaissance, ajoute :

> « Je le crois fort sympathisant
> Avec messieurs les rats ; car il a des oreilles
> En figure aux nôtres pareilles. »

Voilà bien, comme dit Chamfort, « la logique de l'enfance ».
(2) H. Höffding, Esquisse d'une psychologie fondée sur l'expérience, pp. 170-171. (Paris, F. Alcan.)

ou d'identité. La Logique juge en effet légitime chaque association d'idées dans la mesure où celle-ci satisfait au *principe d'identité*, c'est-à-dire où elle remplit cette condition que chaque représentation, quels que soient le lieu et le temps où on l'emploie garde toujours le même contenu (A est A, et n'est pas non-A). « Le cours spontané de nos représentations est ainsi contrôlé et corrigé par un principe qu'il suit déjà, quoique sans exactitude ni rigueur. Toute connaissance repose sur la mesure du degré de ressemblance ou de différence de nos représentations entre elles. Seulement, la connaissance scientifique entreprend cette mesure avec plus de conscience et avec une exactitude plus grande que la pensée irréfléchie. »

Le philosophe danois Höffding a très bien marqué les caractères qui distinguent la pensée scientifique des associations instinctives. Elle exige d'abord que nous prenions clairement conscience de nos perceptions et de nos représentations. « La pensée, dit-il, part toujours d'un ensemble donné dans l'intuition, qui peut être soit une perception immédiate (de la nature extérieure ou de notre être propre), soit une image de la mémoire ou de l'imagination créée par reproduction et association. Dans cette intuition totale, effet de l'activité synthétique constitutive de la conscience, la pensée cherche à discerner les divers éléments, ce qui a lieu par un mouvement successif de l'attention vers les diverses parties ou propriétés de l'objet. L'intuition d'ensemble du début se trouve ainsi analysée. De la table devant laquelle je suis assis j'ai une image qui se compose de sensations visuelles, tactiles et kinesthétiques, immédiates ou reproduites ; j'analyse cette image par une série d'actes d'attention, en prenant conscience de chacune des parties et propriétés de la table.

« Cette analyse a lieu à la fois par la comparaison des éléments entre eux, et par leur comparaison avec les éléments semblables ou différents d'autres intuitions d'ensemble, qu'on reproduit plus ou moins distinctement. Souvent un élément ne peut être discerné que s'il est déjà connu comme faisant partie d'un autre ensemble. Je discerne plus facilement la couleur et la forme de la table quand j'ai vu une autre table de même couleur mais d'une autre forme, ou de même forme, mais d'une autre couleur. L'acte par lequel je discerne est alors une reconnaissance, qui m'amène à donner un nom à la partie ou à la propriété ; le mot exprime la ressemblance d'un phénomène avec d'autres...

« Par la conscience claire que nous prenons ainsi du contenu de l'ensemble, notre simple représentation devient une *notion*. Une notion est donc une représentation dont le contenu est connu si clairement et si nettement de la conscience, qu'il ne varie pas avec les différents ensembles où il se trouve. Grâce au relief que prend ainsi le contenu de la représentation, il devient possible d'en exclure tous les éléments étrangers et toutes les associations qui viendraient accidentellement s'y mêler. Et il devient possible, du même coup, que plusieurs personnes pensent quelque chose en commun ; car ce n'est que si elles ont fixé, chacune de son côté, leurs représentations de cette manière, qu'elles pourront associer au même mot des représentations identiques. — Il est assez clair que c'est le principe d'identité qui sert de base à cette fixation du contenu de nos représentations. La représentation, où qu'elle apparaisse, doit toujours rester identique à elle-même ; il faut que, pour chacune d'elles, il puisse y avoir une reconnaissance absolument exacte, et c'est là que s'affirme l'identité de notre conscience sous le flux de nos pensées successives.

« Ce que la notion est à la formation spontanée de ces représentations, le *jugement logique* l'est à leur liaison spontanée. Un jugement logique est une liaison de notions faite avec conscience et netteté. Le jugement primitif suppose que les divers contenus des notions ont été donnés ensemble dans une intuition totale (perception, souvenir ou imagination) ; mais la liaison ainsi donnée entre ces divers contenus est posée dans le jugement avec conscience et netteté. A l'origine, le jugement, tout comme la notion, naît d'une analyse, d'une direction successive de l'attention sur les éléments d'un tout donné dans l'intuition. Mais, tandis que, dans la formation des notions, l'analyse aboutissait à la séparation et à la mise en relief de chacun des éléments, dans la formation des jugements, l'attention se porte sur la liaison réciproque des groupes d'éléments. — Le principe d'identité intervient ici dans le rapport des notions liées par le jugement; il faut que celles-ci soient absolument ou partiellement identiques entre elles. Il doit toujours être possible de présenter le jugement comme une équation logique.

« Enfin, dans le *raisonnement*, nous lions plusieurs jugements entre eux de telle sorte qu'il en résulte un nouveau jugement. Si je sais que A est B et que B est C, j'en conclus que A est C. Il faut supposer pour cela que le B du premier jugement est absolument identique au B du second. Tout raisonnement procède donc par le moyen du principe d'identité. »

En résumé, « toute pensée est une liaison, une réunion. Comme Aristote l'avait déjà dit, le raisonnement existe, lorsqu'on *pense ensemble* les prémisses. Mais le jugement consiste de même à penser ensemble les notions, et la notion à penser ensemble les éléments de l'intuition. Et dans la pensée proprement dite (ou logique) cette réunion, cette synthèse est toujours réglée par une application plus ou moins consciente du principe d'identité » (1).

Concurremment avec lui, un nouveau principe dirige dès le début notre intelligence, savoir le *principe de causalité*, qui affirme que tout fait a une cause.

Ici encore, autre est la conception enfantine ou

(1) *Ouv. cité*, pp. 233-235.

populaire de la causalité, autre la conception scientifique.

Primitivement, la cause est conçue comme une
faculté de production; elle est personnifiée ; l'enfant
lui attribue, nous le savons, quelque chose d'analogue
à l'effort volontaire personnel ; il en fait une activité
intentionnelle, ne produisant de mouvements qu'en
vue d'une fin. C'est la conception subjective, anthropomorphique du rapport causal, telle qu'on la trouve
encore chez l'ignorant ou chez le sauvage.

Puis, quand on commence à se convaincre que les
successions sont constantes et ne dépendent pas d'une
volonté personnelle, la forme anthropomorphique
se brise : le développement de la conception scientifique du rapport causal commence alors avec la
réflexion philosophique et se poursuit par la lente
constitution des sciences ; il peut se résumer ainsi :
« Dépouiller peu à peu la notion de cause de son
caractère subjectif, humain, sans d'ailleurs atteindre
complètement ce but idéal ; réduire l'essentiel de
cette notion à un rapport fixe, constant, invariable
entre un antécédent et un conséquent déterminés :
par suite, ne voir dans la cause et l'effet que deux
moments ou aspects d'un seul et même processus,
ce qui est au fond l'affirmation d'une identité (1). »

Semblable évolution a eu lieu pour le principe de
causalité ; ce n'est que peu à peu que de la croyance
à la causalité simple, c'est-à-dire de la croyance à la

(1) Ribot, *l'Évolution des idées générales*, p. 207.

causalité sans loi, s'est effectué le passage à l'universalisation du concept de cause, *au sens rigoureux*. Assurément, dit M. Ribot, « tout changement suggère à tout homme normal qui en est témoin la croyance invincible en un agent connu ou inconnu qui le produit; mais ce n'est là que la conception populaire, pratique, extérieure, de la causalité. S'il s'agit du vrai concept (celui des sciences solidement constituées), qui se réduit à un déterminisme inflexible, invariable, c'est une erreur de prétendre que l'esprit humain l'a acquis d'emblée. La croyance en une loi universelle de causalité n'est pas un don gratuit de la nature, mais une conquête... La recherche scientifique a commencé par établir des lois (c'est-à-dire des rapports invariables de cause à effet) entre certains groupes de phénomènes, à établir une loi de causalité valable pour eux, rien que pour eux; mais le transfert de cette loi à tout le connu et l'inconnu ne s'est produit que peu à peu, et, même de nos jours, il n'est pas complet, achevé. En un mot, la loi de causalité universelle est la généralisation de lois particulières et reste un postulat. » (1).

Rien de plus vrai. Mais, ce qui n'est pas moins certain, c'est que, de quelque façon qu'elle soit conçue, « l'idée de cause est étroitement liée à la nature de notre conscience, qui se manifeste par une activité systématique (la synthèse), comme aussi au

(1) *Ouv. cité*, pp. 207-208. Voy. pour la preuve les pages suivantes du même ouvrage.

rôle joué par les rapports de ressemblance et d'identité dans toute association et toute pensée proprement dite. Elle exprime le besoin de la conscience de trouver un enchaînement où elle puisse demeurer toujours semblable à elle-même, un enchaînement continu » (1).

Pareillement, quelque forme que revête le principe de causalité, et qu'il ait ou non une valeur absolue (car autre chose est la nécessité où nous sommes de nous conformer à la nature de notre esprit, en nous servant du rapport causal pour nous orienter dans le monde des phénomènes et nous le rendre *intelligible*, autre chose la question de savoir si nous avons le droit de soutenir que tout phénomène se ramène effectivement à un autre qui le produise, comme le principe de causalité l'exige), il nous fournit néanmoins « un *principe*, ou une idée directrice de notre investigation. Dès qu'un nouveau phénomène se présente, c'est-à-dire qu'un changement a lieu au dedans ou au dehors de notre moi, ce principe nous prescrit de montrer dans ce nouveau la continuation ou la transformation de quelque chose d'ancien, ou à tout le moins de chercher un phénomène antérieur dont il soit la conséquence inévitable. Tous les véritables problèmes de notre conscience sont posés par ce principe. S'il n'existait pas dans notre esprit, nous resterions dans une attitude purement passive en face des phénomènes qui se présen-

(1) Hœffding, ouv. cité, p. 281.

teraient... Nous pouvons ajouter que, dans un monde
où il n'y aurait que des différences absolument tranchées, où les phénomènes se présenteraient dans
toutes les combinaisons imaginables entre eux, et
où par suite la loi de causalité n'aurait aucune valeur, la vie consciente, telle que nous la connaissons, serait impossible. Ni la perception, ni la con
science de soi, ni l'association des représentations, ni
la pensée logique ne seraient possibles, s'il n'y avait
dans les phénomènes absolument aucun rythme ni
aucune continuité, puisque ce sont les deux moyens
par lesquels l'être se manifeste à la conscience (1). »

Le principe de causalité répond donc en somme,
aussi bien que le principe d'identité, au besoin
qu'éprouve notre esprit de coordonner et de subordonner, au désir de l'intelligibilité. « Tant qu'un phénomène reste uniquement pour nous différent des
autres, nous ne le *comprenons* pas. C'est pourquoi
nous cherchons *à réduire le plus possible les différences au minimum*, ce qui arrive quand nous pouvons montrer que le phénomène est la continuation
de phénomènes antérieurs ou une *transformation* de
leur contenu. La pensée, dans l'élaboration qu'elle fait
subir au donné, cherche donc à ramener les phénomènes à une essence homogène, en sorte que ce que
nous appelons l'effet soit comme un prolongement
continu de ce que nous nommons cause. Toutes les
théories scientifiques ont pour but d'établir l'homogé-

néité et la continuité des termes en apparence hétérogènes de la série des phénomènes. Le nuage orageux
et l'éclair ne se ressemblent, dans la perception, en aucune façon. Pourtant, plus nous pouvons pénétrer
dans le rapport des deux phénomènes, plus aussi
nous découvrons *une chaîne continue* qui les relie.
L'éclair, ce phénomène si soudain qui offre un si
grand contraste avec le nuage sombre, n'est pourtant qu'un prolongement (une décharge) du processus électrique qui se produit déjà dans le nuage ; il
embrase l'air en le sillonnant. La continuité s'étend
encore plus loin, puisque l'air atmosphérique, même
lorsqu'aucun orage n'est imminent, est toujours plus
ou moins électrisé. Le phénomène soudain de l'éclair
n'est ainsi qu'une forme spéciale et concentrée de
quelque chose qui agit à chaque instant à de plus
faibles degrés. La cause (dans l'exemple cité, l'élec-
tricité de l'air ou des nuages) et l'effet (l'éclair)
forment donc les termes ou les stades d'un seul et
même processus ; et, quand nous remontons des diversités données dans la perception à un ensemble plus
vaste, nous trouvons *l'identité derrière les diversités.*
— La théorie atomique met l'identité et la continuité
dans les changements des corps, en les considérant
comme les expressions sensibles de déplacements
matériels. Pour les sens, ce sont des changements qualitatifs qui ont lieu pendant les combinaisons et les dissolutions des corps. Mais, d'après la
théorie il se produit seulement des mouvements con-

tinus des petites particules... Ainsi, dans tous les domaines, nous cherchions à considérer ce qui se passe comme un processus continu dont nous appelons cause et effet le premier et le dernier terme » (1).

Il résulte de ce qui précède qu'on doit regarder les principes d'identité et de causalité comme *des procédés d'unification* (2) : notre intelligence, aspirant toujours à la simplicité et à l'unité, groupe ses perceptions ensemble, les enchaîne le mieux possible, et les rapports d'identité et de causalité sont les liens qui unissent les parties de ce grand tout.

On les rencontre déjà chez le petit enfant à l'état de tendances, comme cela apparaît bien dans les généralisations hâtives auxquelles il est si enclin. Mais, à mesure qu'il acquiert des connaissances plus claires et plus sûres, les principes se fortifient en lui, se précisent; peu à peu, son esprit prend plus de vigueur, ses pensées plus de consistance et de cohésion, il est alors *raisonnable*, c'est-à-dire apte à raisonner en conformité avec les principes, capable d'induire et de déduire.

Induire, c'est conclure d'un cas ou d'un certain nombre de cas à tous les cas de même espèce, c'est affirmer que ce qui est vrai quelquefois le sera partout et toujours dans des circonstances semblables.

Après avoir observé par exemple qu'une barre de

---

(1) Höffding, ouv. cité, pp. 270-280. — Cf. A. Lalande, *Lectures sur la philosophie des sciences*, pp. 311-318.
(2) On les appelle *principes rationnels*. La raison peut donc en ce sens être définie : *la faculté de réduire les choses à l'unité.*

fer qui subit une élévation de température augmente
de volume, après avoir expérimenté le fait sur diverses barres du même métal et avoir étendu cette
expérience à d'autres métaux, tels que cuivre, pla-
tine, aluminium, l'esprit affirme qu'entre ces deux
phénomènes, élévation de température et accroissement de volume, constamment présents, il existe une
connexité intime, une liaison essentielle et nécessaire; généralisant alors le rapport découvert, il
l'énonce comme valable partout et toujours : « Toute
élévation de la température d'un métal est suivie
d'un accroissement de volume. » Ce rapport universel est ce qu'on appelle une *loi*. Aussi définit-on parfois l'induction l'opération par laquelle l'esprit
s'élève de la connaissance des faits à celle des lois
qui les régissent, ou bien généralise le rapport observé entre deux phénomènes pour en faire une loi.

Dans la suite, quand nous remarquons un des
phénomènes que nous avons perçus ensemble, nous
concluons à la présence ou à la séquence de l'autre,
bien que nous ne le percevions pas actuellement.

A la vérité, l'association des idées nous conduit
d'elle-même à des liaisons et à des attentes de ce
genre, une idée présente à notre conscience tendant
à en rappeler d'autres qui se sont déjà trouvées en
contiguïté avec elle (1). Mais c'est là pur mécanisme,
non raisonnement; l'habitude qui en résulte pour

_____

(1) Voy. notre ouvrage sur l'*Imagination et ses variétés chez*
l'enfant, ch. ii (Paris, F. Alcan.)

nous de *penser* ensemble ces idées, quelque sorte qu'elle puisse devenir, n'a point de valeur objective ; elle ne saurait nous garantir qu'en dehors de notre esprit les phénomènes correspondant à ces idées sont vraiment liés et se présenteront toujours ensemble. Il faut donc, pour légitimer le raisonnement inductif, que nous ayons une raison *logique* de croire à une liaison entre les phénomènes simultanés ou successifs. Cette raison, nous la connaissons, c'est le *principe de causalité.* Toute induction, aussi bien dans la vie ordinaire que dans la science, repose sur notre croyance au déterminisme des phénomènes, en vertu de laquelle nous affirmons que *tout changement est dû à une cause* et, comme corollaire, que *les mêmes causes produisent les mêmes effets.* Ainsi seulement est fondée notre attente de l'avenir.

On voit combien est grande la supériorité du raisonnement inductif, tel que l'emploie le savant, sur l'inférence analogique de l'enfant : tandis que l'analogie conclut d'un cas à un autre, en vertu d'une ressemblance partielle, fussent-ils tous deux de nature différente, l'induction conclut d'un ou de plusieurs cas à une foule d'autres, mais pour des cas *de même nature ;* et comme l'identité fait la force de cette dernière opération, la différence qui se mêle à la ressemblance fait la faiblesse de la première.

Des lois inductivement découvertes ou de définitions posées à priori par l'esprit, on peut dériver d'autres vérités. C'est ici le rôle de la *déduction,* qui consiste à tirer de propositions générales, de principes, des conséquences d'ordinaire moins générales, — ou encore à faire rentrer un cas particulier dans une loi.

Cette nouvelle manière de raisonner trouve son expression parfaite dans le *syllogisme*, que l'on définit habituellement avec Aristote : un enchaînement de trois propositions liées entre elles de telle sorte que, les deux premières étant posées, la troisième s'ensuit nécessairement. *Tout arsenic est vénéneux, cette substance est de l'arsenic, donc cette substance est vénéneuse.*

C'est, dit Stuart Mill, une règle absolue que « tout raisonnement valide par lequel de propositions générales préalablement admises d'autres propositions également ou moins générales sont inférées, peut être présenté sous cette forme. Tout Euclide, par exemple, pourrait sans difficulté être mis en séries de syllogismes réguliers » (1).

Le principe qui légitime le raisonnement déductif est le *principe d'identité*, que l'on peut en l'espèce formuler ainsi : *Deux choses égales* (2) *à une troisième sont égales entre elles*, lorsque la conclusion est affirmative ; — et *deux choses dont l'une est égale à une troisième et l'autre non ne sont pas égales*, lorsque la conclusion est négative. L'esprit se porte en effet successivement sur trois identités, inférant

(1) *Ouv. cité*, t. I, p. 188.
(2) L'égalité c'est l'identité sous le rapport de la quantité.

la troisième des deux premières, que ces trois identités soient totales : A = B, B = C, donc A = C, syllogisme de *substitution* (telle la démonstration mathématique enchaînant une longue série d'équations), ou seulement partielle : B est une espèce du genre A, C est un individu de l'espèce B, donc C est du genre A (1), syllogisme de *contenance*.

Aussi peut-on définir à ce point de vue la déduction : l'opération par laquelle l'esprit se prononce sur l'identité de deux idées, après avoir comparé chacune d'elles à une troisième idée.

Qu'il soit déductif ou inductif, le raisonnement a constamment pour but de découvrir dans les événements et dans les êtres ce qu'ils renferment de général et d'essentiel, c'est-à-dire ce qu'ils ont de commun, de régulier (2). Dans le cas de l'*induction*, l'on arrive à cette découverte en faisant abstraction des circonstances accidentelles que pré-

---

(1) Il y a ici identité partielle, le genre étant identique à la totalité de ses espèces.

(2) Ou, suivant l'expression de Herbert Spencer, *ce par quoi ils se ressemblent*, — expression qui signifie au fond la même chose. « Classer, dit M. Ribot, résumant les idées du philosophe anglais, c'est grouper ensemble des *choses semblables*; raisonner, c'est grouper ensemble des *rapports semblables*. Il est de l'essence même du raisonnement de percevoir une *ressemblance* entre les cas, et l'idée qui est au fond de tous nos procédés de raisonnement est l'idée de *ressemblance*. Et, de même que le progrès final de la classification consiste à former des groupes d'objets complètement semblables, de même la perfection du raisonnement consiste à former des groupes de cas *complètement semblables*. » *La Psychologie anglaise contemporaine* (Paris, F. Alcan), p. 186; — Cf. les pp. 224-225.)

sentent les cas particuliers pour ne retenir que les propriétés par où ils s'identifient. Cette formule de loi : le volume d'un gaz est inversement proportionnel aux pressions qu'il supporte (loi de Mariotte), en est un exemple. Il n'y est pas question de tels gaz, oxygène, hydrogène, acide carbonique ou azote, sur lesquels la propriété en question a pu être constatée, ni de telle ou telle pression déterminée, 2, 5, 8, 10 *atmosphères*, il n'y est pas question non plus des temps ni des lieux où les expériences ont été faites, il n'y est exprimé qu'un rapport général entre des idées générales. Chaque loi physique vaut de même pour tous les individus et pour tous les phénomènes, dans tous les points de l'espace et dans tous les instants du temps.

La loi une fois déterminée, pour qu'un être ou un fait y soient rangés, il suffit que l'esprit remarque en eux le caractère essentiel ou général qu'elle exprime. Par exemple, nous appliquerons légitimement à un corps la loi que nous venons de formuler, quand nous aurons découvert que ce corps est un gaz ; le volume de tout gaz est inversement proportionnel, etc. ; or, ce corps est un gaz ; donc son volume, etc. Voilà un syllogisme. C'est donc par la *déduction* qu'on fait application aux cas particuliers de la loi, dont ils sortent comme une conséquence (1). Aussi bien ne sont-ils intelli-

(1) Une autre forme d'application consiste à déterminer le phénomène qui, dans telles conditions données, est résulté

gibles que par le rapport qu'ils ont avec l'universel (tous les gaz sont compressibles, ce co...s est compressible parce qu'il est un gaz).

Cette généralisation, qui fait la valeur et la puissance des deux formes parfaites du raisonnement, fait aussi que la science leur doit d'avoir pu se constituer et de progresser avec toute la rigueur qui la caractérise. Le mathématicien, créant la matière de ses spéculations et considérant des objets imaginaires, développe seulement les conséquences des définitions ou principes qu'il a posés et procède par des déductions successives. Le physicien, se proposant au contraire d'expliquer la nature, est tenu, pour découvrir les lois des phénomènes, d'opérer sur les données de l'expérience, et il procède par induction. De là vient, par contre-coup, comme nous le verrons plus loin, le rôle important que joue l'étude des sciences dans la culture du raisonnement chez l'enfant.

Bien entendu, pour opérer de tels effets, pour être ainsi efficaces, la déduction et l'induction sont soumises à certaines règles ou conditions qui en assurent la validité.

En ce qui concerne le raisonnement déductif, la règle est simple : étant donnée la vérité des principes posés, il faut dans la conclusion n'affirmer rien qui

ou résultera de telle loi de la nature ; ex. : étant donnée la durée de la chute d'un corps, déterminer l'espace parcouru, d'après la loi de la chute des corps.

ne résulte de ces principes. Pour cela, il est indispensable de conserver aux termes une signification
identique, en évitant avec soin les équivoques et les
amphibologies (1).

Les conditions que doit remplir l'induction légitime sont plus délicates, les précautions qu'elle
exige plus minutieuses. En liant deux faits généraux
ordinairement successifs, par exemple, l'élévation de
température et la dilatation d'un corps, elle déclare
que le premier de ces faits est la *cause* du second.
Mais le difficile est d'établir le rapport de causalité ;
car ni l'existence simultanée de deux faits ou de
deux groupes de faits, ni leur succession immédiate,
considérées en elles-mêmes, indépendamment de
tout le reste, ne prouvent suffisamment, dans ces
faits, un rapport de dépendance. A quels signes
reconnaîtrons-nous donc que des phénomènes sont
unis d'une manière inséparable ? Comment discerne-
rons-nous, parmi les successions et les liaisons
diverses que réalise la nature, celles qui sont invariables et constantes, c'est-à-dire des lois, de celles
qui ne le sont pas ?

On peut, avec Stuart Mill, ramener à trois principaux les moyens qui permettent d'atteindre ce résultat : 1° *la concordance :* quand tous les cas où se
produit un fait dont on cherche la cause n'ont qu'un
antécédent commun, cet antécédent par où ils concordent est la cause cherchée. Ainsi, tous les cas où

(1) Voy. au reste plus loin, pp. 131-132.

se produit la rosée s'accordent en un point : la basse
température de l'objet sur lequel apparaît la moiteur,
comparée à celle de l'air ambiant ; le refroidissement
des objets est donc la cause nécessaire et suffisante
du dépôt de rosée ; — 2° *la différence :* si un cas où
un fait se présente et un cas où il ne se présente pas
ont tous leurs antécédents communs, sauf un, cet
antécédent par où ils diffèrent est la cause cherchée.
Les objets se refroidissent parce qu'ils émettent par
les nuits sans nuages la chaleur qu'ils ont reçue
pendant le jour ; en empêchant le rayonnement et
par suite le refroidissement, on empêche le dépôt de
rosée ; — 3° *les variations concomitantes :* quand un
fait varie, si tous les antécédents, sauf un, restent
invariables, l'unique antécédent qui varie est nécessairement la cause cherchée. Les objets dont les
surfaces rayonnent le plus fortement sont aussi ceux
qui se couvrent le plus abondamment de rosée ; si
l'on fait varier les surfaces d'un même objet, on
constate que celles-là prennent le plus de rosée qui
rayonnent davantage (1).

« Toutes ces méthodes, remarque Taine, ont
recours au même artifice, qui est l'*élimination* ou
exclusion des caractères qui ne sont point la condition cherchée. Soit un caractère connu ; il est accom-
pagné ou précédé de dix autres. Lequel ou lesquels

(1) Voy., pour une étude plus complète de ces méthodes
et pour des exemples divers, la *Logique,* de St. Mill, t. I,
pp. 425-483 (Paris, F. Alcan).

de ces dix sont les conditions de sa présence, en
sorte que leur présence entraîne la sienne ? Toute la
difficulté et toute la découverte sont là. Pour résoudre la difficulté et pour opérer la découverte, il faut
éliminer, c'est-à-dire exclure, parmi les dix, ceux qui,
n'ayant point d'influence sur lui, n'entraînent point
sa présence. Mais, comme effectivement on ne peut
les exclure et que, dans la nature, le caractère
cherché est toujours noyé dans une foule d'autres,
on assemble des cas qui, par leur diversité, autori-
sent l'esprit à expulser cette foule. On cherche des
indices qui nous permettent de distinguer la condition cherchée et les accessoires parasites. On trouve
trois de ces indices, on les applique ; pour plus de
sûreté, on les applique tour à tour et tous les trois,
afin qu'ils se contrôlent l'un l'autre. L'expulsion
faite, il ne reste devant nous que la condition cherchée (1). »

Ainsi, avant d'affirmer un rapport de causalité et
de le généraliser, le savant a recours à des expériences multiples et logiquement conduites. Mais le
commun des hommes n'y regarde pas de si près ; il
lui suffit souvent de la coïncidence fortuite de deux
faits pour les relier par une loi. De ce qu'une épidémie a suivi l'apparition d'une comète, il s'attend
quand reparaîtra celle-ci à voir se produire une nouvelle épidémie. Cette sorte d'induction, qui se rapproche de l'inférence analogique enfantine, constitue

_____

(1) *De l'intelligence*, t. II, liv. IV, chap. II.

un raisonnement vicieux, ce qu'on appelle un *sophisme*.

Autant il y a d'espèces de raisonnement, autant il y a de sortes de sophismes possibles. Nous savons déjà combien l'enfant est porté à se laisser prendre aux fausses analogies, les sophismes inductifs et déductifs ne lui sont pas moins naturels.

CHAPITRE III

LES SOPHISMES DE L'ENFANT

II

Sophismes inductifs de l'enfant : dénombrement imparfait ; — erreur sur la cause ; — sophisme de l'accident ; — exemples. — *Sophismes de déduction :* pétition de principe ; — ignorance du sujet ; — cercle vicieux ; — exemples. — *Leurs causes principales : l'ignorance ;* erreurs spéciales qui en résultent pour l'enfant : erreurs de crédulité, — de candeur, — de naïveté, — de niaiserie ; — la *précipitation* ou l'*irréflexion ;* — les *préjugés d'éducation* ; — l'*association des idées ;* — la *mémoire* et l'*imagination ;* — le *sentiment ;* — exemples. — L'action, libre ou contrariée, de ces causes diversifie la logique naturelle.

Parce que son expérience manque d'étendue et de variété, et parce que les mêmes causes qui induisent l'homme en erreur agissent sur lui avec plus de force, l'enfant est encore plus exposé que l'adulte à mal raisonner.

Soit qu'il *n'observe pas,* laissant passer des faits ou des particularités qu'il fallait remarquer, soit qu'il *observe mal,* prenant un fait pour autre chose que ce qu'il est en réalité, il commet les *sophismes d'induction,* désignés par les logiciens sous les noms do sophisme du dénombrement imparfait, d'erreur sur la cause et de sophisme de l'accident.

Ainsi l'enfant étend à toute une classe d'individus ce qui n'est vrai que d'un ou de quelques-uns, et encore par hasard. Un enfant américain de dix ans, qui avait eu un très petit professeur assez désagréable, alors que son maître préféré était de haute taille, aborda un nouveau professeur, très petit lui aussi, en disant : « Je crains que vous ne soyez un professeur désagréable. » Pour lui, toute personne de petite taille devait être déplaisante. — « Un enfant de six ans est rencontré dans l'escalier par sa tante, à la maison depuis deux jours et qui, en habits de dimanche, se dispose à aller à la messe. « Jack, dit-elle à la mère de l'enfant, ne vient donc pas avec nous à la messe ? Il n'est pas endimanché. » L'enfant riposte avec dignité : « Les hommes ne vont pas à l'église. » Cela est très vrai pour le père de l'enfant et pour l'enfant lui-même, car sa mère a une foi tolérante. Mais, si l'enfant était allé une seule fois à l'église, il saurait qu'il y a des hommes et même des enfants qui vont à l'église (1). » Voilà des *sophismes du dénombrement imparfait.*

L'enfant transforme étourdiment en lien de causalité une coïncidence accidentelle. Un petit garçon de deux ans, qui était nourri avec le lait d'une vache blanche, disait : « Le lait est blanc parce que la vache

---

(1) B. Pérez, *l'Enfant de trois à sept ans,* pp. 223-224 (Paris, F. Alcan).

est blanche. » C'est *prendre pour cause ce qui n'est pas cause.*

D'un fait exceptionnel, il conclut à une nécessité générale ; il regarde comme essentiel à une chose ce qui ne lui convient que passagèrement. Par exemple, sur une première rencontre, il juge des qualités ou des défauts d'un camarade ou d'un maître. Il commet alors un *sophisme de l'accident.*

Les *sophismes déductifs* ne sont pas plus rares chez l'enfant. « Il fait continuellement des *pétitions de principe* par cela seul que, ayant généralisé trop vite, il croit tenir des vérités évidentes, quand il n'a que des apparences trompeuses. — Dans ses discussions avec ses camarades, il manie instinctivement, presque avec la même habileté qu'un avocat retors, le *sophisme de l'ignorance du sujet,* qui consiste à prouver ce qui n'est pas en question, à réfuter astucieusement un adversaire en lui faisant dire autre chose que ce qu'il a dit. — Enfin, dans ses révoltes contre l'homme, dans ses résistances à la volonté et à la raison du maître, il s'exerce indirectement au *cercle vicieux,* en lui tendant des pièges pour l'y faire tomber lui-même... Il ne peut nier directement la supériorité de l'adulte, qui a plus d'idées, plus de mots à son service, plus de ressources de toutes sortes à sa disposition ; mais, au fond, il n'accepte pas franchement cette supériorité. Il se mesure avec l'homme, avançant les unes après les autres beaucoup de *raisons,* non avec l'idée de démontrer ces raisons, mais avec le secret espoir qu'il y en aura une parmi elles qui déroutera son adversaire, l'amènera à lâcher pied, le fera tomber dans une contradiction. C'est cela qui constitue le tour vicieux d'esprit et de caractère qui fait ce qu'on appelle *l'enfant raisonneur.*

« *Le maître :* Il ne faut pas faire cela. — *L'enfant :* Et pourquoi ne faut-il pas faire cela? — Parce que c'est mal fait. — Mal fait! Qu'est-ce qui est mal fait? — Ce qu'on vous défend. — Quel mal y a-t-il à faire ce qu'on me défend? — On vous punit pour avoir désobéi. — Je ferai en sorte qu'on n'en sache rien. — On vous épiera. — Je me cacherai. — On vous questionnera. — Je mentirai. — Il ne faut pas mentir. — Et pourquoi ne faut-il pas mentir? — Parce que c'est mal fait, etc.

« Voilà, ajoute Rousseau, le *cercle* inévitable. Mais ce n'est pas précisément l'homme qui fait ici un cercle vicieux, c'est l'enfant qui l'y pousse sophistiquement, sachant bien que l'homme, ne pouvant pas aller avec lui jusqu'au fond des choses et lui fournir les raisons dernières de ce qu'il lui commande, finira par donner prise contre lui à un certain moment et par rentrer dans quelque chose qu'il aura déjà dit » (1).

Ici c'est à l'amour-propre de l'enfant, à la bonne opinion qu'il a de lui-même, qu'est dû le sophisme. Si nous recherchons quelles sont les autres causes

---

(1) Maillet. *Psychologie de l'homme et de l'enfant* pp. 557-558.

de ses faux raisonnements, nous trouvons qu'ils proviennent le plus souvent de l'ignorance, de la précipitation, des préjugés, des associations désordonnées, des souvenirs incomplets, de l'imagination, du sentiment.

Vu les limites de son expérience et, par suite, le très petit nombre de connaissances dont il dispose, l'enfant manque de certaines données essentielles qui font rarement défaut à l'adulte, d'où résultent diverses catégories d'erreurs qui lui sont propres et dont Maillet a fait une excellente analyse.

Ainsi l'enfant *ne sait pas* que les hommes sont trompeurs. La conséquence en est « qu'il accepte pêle-mêle le vrai et le faux et qu'il se laisse abuser par tous ceux qui ont intérêt à le faire. De là, pour lui, un groupe spécial d'erreurs, les *erreurs de crédulité*.

« D'une manière plus générale, l'enfant, au moins pendant quelques années, *ne croit pas* ou ne croit que difficilement au mal. Lacune immense ! C'est tout un côté, toute une moitié du monde moral qui lui échappe. Par suite, toutes les fois que les circonstances l'ont privé de ses protecteurs naturels ou que la destinée l'a mis trop vite aux prises avec les difficultés de la vie, il ne se laisse plus seulement abuser, il se laisse duper par le premier venu. On peut voir cela merveilleusement décrit dans *David Copperfield*. Ce sont les *erreurs provenant de la candeur*.

« Ce n'est pas tout. L'enfant *ignore aussi* que le mal est en lui-même ; que, parmi les tendances spontanées qui jaillissent du fond de son être, les unes sont bonnes, les autres sont mauvaises, les unes représentent la partie noble, et les autres la partie basse de sa nature. Il ne sait pas qu'il y a des idées, des sentiments qu'il faut garder pour soi-même. A côté des choses qu'il faut dire, il y en a qu'il faut taire. Il dit tout pêlemêle; il considère comme également légitime tout ce qui est dans la nature. Ce sont les *erreurs de naïveté*.

« Enfin, il est tel ordre de choses que l'enfant *ne peut pas et ne doit pas savoir*, mais dont il aurait besoin cependant de pouvoir tenir compte pour que certains jugements qu'il émet fussent conformes à la réalité. Jusqu'à une certaine époque, les désaccords de ce genre entre ce qui est et ce que dit l'enfant nous font simplement sourire. Un peu plus tard, nous comprenons que, sans *avoir*, comme on dit, *les yeux ouverts* (ce qui est un vice et un malheur), l'enfant, le jeune garçon, la jeune fille, doit deviner délicatement certaines choses dans la mesure nécessaire pour éviter, par une sorte de pudeur intellectuelle en même temps que morale, d'y toucher imprudemment. Ceux qui ne savent pas le faire et qui gardent au delà des limites naturelles l'ignorance absolue, au point de ressembler, déjà grands, à des oiseaux qui sortent du nid, commettent *des erreurs de simplicité ou de niaiserie* » (1).

Après la pauvreté des connaissances, la plus grande cause de la débilité intellectuelle de l'enfant,

(1) Maillet, *ouv. cité*, pp. 552-553.

c'est la *précipitation du jugement* ou *l'irréflexion.* « L'étourderie, qui caractérise presque toujours le jeune âge, n'a pas de principe plus certain. Chez l'adulte, chez l'homme réfléchi, la pensée se possède, prend son temps, intercale entre la conception de l'idée et le jugement un plus ou moins grand nombre d'intermédiaires. Chez l'enfant, la pensée éclate, jaillit, comme mue par un ressort, avec les caractères presque d'une action réflexe. Son intelligence répond par une réaction immédiate à l'excitation des idées, comme sa volonté cède sans résistance à la sollicitation des désirs. En d'autres termes, il n'y a pas, chez l'enfant, de faculté d'inhibition intellectuelle qui puisse modérer, suspendre, mûrir ses jugements, pas plus qu'il n'y a de faculté d'inhibition volontaire, qui tempère ses impulsions actives. Il bondit, pour ainsi dire, sur la première idée qui se présente, comme il se jette sur ses jouets, étourdiment, tête baissée. La plupart de ses erreurs proviennent de la même cause que ses faux pas et ses chutes : de ce qu'il va trop vite et se précipite impatiemment vers le but » (1).

Chez l'adulte, nombre de mauvais raisonnements résultent des influences antérieurement subies par l'esprit, influences qui l'ont façonné en quelque manière et désormais le rendent insensible ou inaccessible à diverses vérités. « L'entendement, a dit Bacon, une fois familiarisé avec certaines idées, s'y rattache

---

(1) Compayré, *ouv. cité*, pp. 216-217.

obstinément ; il ramène tout à ses idées de prédilec-
tion, il les fait juges de tout, et les faits qui contre-
disent ces opinions favorites ont beau se présenter en
foule, ils ne peuvent les ébranler en lui ; ou il n'aperçoit point ces faits, ou il les dédaigne, ou il s'en dé-
barrasse à l'aide de quelques frivoles distinctions, ne
souffrant jamais qu'on manque de respect à ces premières maximes qu'il s'est faites. Elles sont pour lui
sacrées et inviolables » (1). Or, plus que l'adulte,
l'enfant est déterminé à raisonner de la sorte. De la
même manière qu'il apprend de ses parents à se
nourrir, à marcher, à parler, il apprend d'eux à penser, bien plus à exprimer des jugements qu'il n'a pas
portés lui-même, mais auxquels il croit de confiance.
Il adopte ainsi toutes sortes d'opinions en fait de
morale, de religion ou de politique, de littérature, de
science, d'art ou de commerce, avant d'avoir pu
réfléchir et d'être capable d'en apprécier aucune,
faute des points de comparaison et des observations
nécessaires. Comment son intelligence n'en serait-
elle pas obscurcie, sinon faussée ! Aussi Locke a-t-il
pu justement écrire : « Les enfants reçoivent des
propositions qui leur sont inculquées par leurs père
et mère, nourrices, précepteurs et autres, qui sont
autour d'eux, et ces propositions, ayant pris racine,
passent pour sacrées, comme si Dieu lui-même les
avait mises dans l'âme. On a de la peine à souffrir ce
qui choque ces oracles internes, *pendant qu'on digère*

(1) *Novum organum*, liv. I, XLVI.

les plus grandes absurdités qui s'y rapportent » (1).

La même infirmité intellectuelle qui rend l'enfant victime des préjugés d'éducation, savoir l'impossibilité de contrôler les notions qu'il reçoit, le fait accessible aux associations d'idées les plus fausses et les plus déraisonnables. Déjà, pour l'homme, *l'association des idées* est le point de départ d'erreurs sans nombre, soit qu'elle lui ferme le chemin de la vérité, soit, lorsqu'il y est engagé, qu'elle s'offre continuellement à lui pour l'en détourner, semblable, comme dit Bacon, à ces fausses lueurs qui se montrent dans les ténèbres et qui nous égarent. Que deux faits aient été donnés une ou plusieurs fois simultanément ou successivement, l'esprit ne les sépare plus, et désormais non seulement l'un rappelle l'autre, mais il en semble inséparable, de sorte qu'une coïncidence purement fortuite, peut-être même exceptionnelle, se trouve ainsi érigée en rapport nécessaire. Telle est l'origine de la plupart des superstitions et des erreurs populaires. Un certain événement a été suivi d'un autre : un lièvre par exemple a traversé la route et une voiture a versé. On établit, sans plus d'informations, un rapport entre ces deux faits ; on ne prend pas garde que d'autres fois un lièvre a pu passer sur le chemin, sans qu'il en résultât un accident de voiture, ou une voiture verser sans aucune rencontre de lièvre. La croyance au mauvais œil et aux sorts, aux présages (oiseaux de mauvais augure, araignée du matin, sa-

(1) *Essais sur l'entendement humain*, liv. IV, chap. xx.

lière renversée, etc.), aux fétiches (sou percé, corde
de pendu), à l'influence néfaste de certains jours ou
de certains nombres n a pas d'autre fondement; elle
est le résultat de fausses associations reçues ou formées dès l'enfance, que l'on n'a pas combattues et
qui dominent impérieusement l'esprit.

Aussi bien que l'association par contiguïté, l'association par ressemblance, qui en est un cas particulier, entraîne trop souvent à mal raisonner. Il suffit
que deux personnes ou deux choses se ressemblent à
un titre quelconque, soit par la forme, la grandeur
ou la couleur, soit par la nationalité, la profession ou
même simplement par le nom qu'elles portent, pour
que l'une nous fasse penser à l'autre. Or, « par un
effet de ces associations, nous nous prévenons souvent jusqu'à l'excès, en faveur de certaines personnes, et nous sommes tout à fait injustes par rapport à d'autres. C'est que tout ce qui nous frappe
dans nos amis, comme dans nos ennemis, se lie naturellement avec les sentiments agréables ou désagréables qu'ils nous font éprouver; et que, par conséquent, les défauts des uns empruntent toujours
quelque agrément de ce que nous remarquons en eux
de plus aimable, ainsi que les meilleures qualités des
autres nous paraissent participer à leurs vices. Par
là ces liaisons influent infiniment sur toute notre
conduite; elles entretiennent notre amour ou notre
haine, fomentent notre estime ou notre mépris,
excitent notre reconnaissance ou notre ressentiment,

et produisent ces sympathies, ces antipathies, et tous ces penchants bizarres dont on a quelquefois tant de peine à rendre raison. Descartes conserva toujours du goût pour les yeux louches, parce que la première personne qu'il avait aimée avait ce défaut (1) ».

Dans ce cas de Descartes éclate manifestement la puissance de l'association, puisque, chez un esprit aussi libre et aussi pénétrant, les effets ont pu s'en faire sentir toute la vie. Quelle prise n'a-t-elle donc pas sur l'intelligence neuve et malléable de l'enfant, où les associations ridicules qu'on laisse s'établir deviennent autant de façons de penser qui s'imposent dans la suite et empêchent de juger sainement. Qui ne sait combien les contes de nourrices, les histoires de revenants ou de voleurs, dont on amuse si imprudemment les enfants, peuvent en eux fausser pour toujours la perception de la réalité.

Ils ne sont d'ailleurs que trop portés à transformer les objets qui les entourent, à se tromper sur la valeur des hommes et des choses, en altérant leurs vrais caractères et leurs vrais rapports, en les voyant sous des couleurs séduisantes mais mensongères. L'*imagination* est vraiment chez eux « cette maîtresse d'erreur et de fausseté », dont parle Pascal, d'autant qu'elle y jouit d'une plus grande liberté dans ses créations. « En exerçant un contrôle nécessaire sur le flot de nos idées, nous sommes capables de raisonner, de chasser une idée folle et, en général, de

(1) Condillac, *Art de penser*, part. I, ch. v.

nous garder de l'erreur. Chez les enfants, toutes les idées qui deviennent claires et nettes sous l'aiguillon d'un violent intérêt sont très persistantes et anormalement vivaces. Le cerveau de l'enfant possède en quelque mesure la faculté de suggestion illusoire particulière au cerveau d'un hypnotisé (1). »

Cette puissance d'illusion est souvent telle que l'enfant en arrive à prendre de bonne foi pour réels des événements qu'il a rêvés, à confondre ses souvenirs et ses fictions. Aussi ne peut-il raconter un fait sans le transfigurer. « Les annales judiciaires nous ont appris jusqu'où peuvent aller chez les enfants ces *auto-suggestions*, et avec quelle prudence il convient d'accueillir leurs témoignages. Le hasard les a-t-il rendus témoins de quelque crime, aussitôt leur imagination ajoute mille détails nouveaux à ceux qu'ils ont perçus ; or tous ces détails qu'ils mettent au même plan, dans leurs récits, soit pour paraître bien informés, soit pour se donner quelque importance, bientôt se confondent dans leur esprit. Le souvenir de leur premier mensonge s'efface graduellement et il se peut qu'appelés en justice, quelques mois plus tard, ils affirment sincèrement avoir vu ce qu'en réalité ils n'ont qu'imaginé (2). »

Il est même possible de provoquer cette illusion de la mémoire chez certains enfants entre six et quinze

(1) J. Sully, *ouv. cité*, pp. 88-89.
(2) F. Thomas, *la Suggestion, son rôle dans l'éducation*, pp. 27-28 (Paris, F. Alcan.) — Cf. Motet, *les Faux Témoignages des enfants devant la justice*.

ans, simplement en affirmant une chose devant eux. Ils croient aisément avoir joué le rôle de témoins ou d'acteurs dans l'événement qu'on vient de raconter. Je tiens à ce sujet du directeur d'une école primaire le fait suivant qui est caractéristique : Un matin, pendant la récréation, on s'aperçut que la pompe, située dans la cour de l'école, ne fonctionnait pas. Le directeur s'étant informé de ce qui avait pu produire ce dérangement, plusieurs écoliers accusèrent un de leurs camarades, garçon d'une dizaine d'années, d'avoir introduit des chiffons dans le tuyau de la pompe. Non seulement l'enfant ne protesta pas contre le fait, mais, devant les reproches que lui attirait justement sa conduite, il s'excusa timidement, alléguant qu'il avait voulu s'amuser et qu'il ne prévoyait pas ce qui était arrivé. Un ouvrier fut appelé pour remettre la pompe en état. Or, vérification faite, aucun morceau de papier ne se trouvait dans le tuyau, et l'arrêt de fonctionnement provenait de ce que la pompe avait besoin d'amorcer. Voilà un bel exemple de suggestion à l'état de veille.

Le grand instigateur des associations d'idées (1), le grand moteur de l'imagination (2), c'est le *sentiment.*

Nul ne met en doute l'influence du cœur sur l'esprit. Les passions nous aveuglent : vérité banale que

(1) Sur les sentiments et l'association des idées, voir Ribot, *la Psychologie des sentiments,* Ire partie, ch. xii.
(2) Voy. G. Séailles, *Essai sur le génie dans l'art,* ch. iii et iv (Paris, F. Alcan).

personne ne songe à contester. Mais ce que l'on connaît moins, ce que souvent même on ne soupçonne
pas, c'est l'influence profonde de toute la vie affective
sur la vie intellectuelle, influence qui se manifeste
par une perpétuelle instabilité dans nos idées. En des
jours différents, posons à la même personne une série
de questions identiques. Les réponses qu'elle nous
fera seront toutes favorables, ou toutes défavorables :
la santé est inquiétante, les entreprises malheureuses,
les espoirs déçus, la confiance évanouie, ou, au contraire, la santé, les succès, l'espoir, la confiance reparaissent tous à la fois. S'est-il produit dans les faits
quelque modification qui autorise cette personne à
se contredire ainsi ? Point : elle seule a changé, mais
cela suffit pour que les mêmes événements lui appa-
raissent sous des aspects si divers. Qui de nous n'a
constaté en lui-même les transformations successives
par lesquelles passent les sentiments et les pensées ?
Il est des jours où tout semble facile, où tout est
beau, où la vie n'a que promesses et sourires,
d'autres où elle apparaît sombre et pleine de me-
naces (1).

Si nous cherchons la source de ces variations
qu'éprouve notre façon de sentir, variations qui dé-
terminent l'instabilité dans notre façon de voir et de
juger, nous la trouvons dans l'activité organique et
musculaire. En nous, dit M. Godfernaux, « la dyna-

_____

(1) Lire dans l'*Art d'arriver au vrai*, de Balmès, le très
intéressant ch. XIX.

mogénie, la circulation sont tantôt augmentées, tantôt ralenties. En un mot, ce sont, suivant les cas, les actions ou les inhibitions qui prédominent. L'état affectif est la transcription consciente de ce rythme de la vie physique, et la pensée traduit immédiatement les oscillations de cet état affectif... Selon que l'état affectif est plus ou moins intense, les idées tendent vers une incohérence plus ou moins grande (1). »

En pareil cas, l'incohérence s'explique par ce fait qu'en vertu d'une logique inconsciente nous cherchons incessamment à mettre notre pensée d'accord avec les émotions diverses et souvent opposées que nous éprouvons, à les expliquer, à leur découvrir une cause. « Toutes les passions se justifient », suivant le mot de Malebranche. « Une petite fille de cinq ans et demi, qui va depuis deux mois à l'école, s'y trouve encore dépaysée; elle s'y ennuie, quoiqu'elle y reçoive des éloges pour sa conduite et pour son travail. Elle n'a pas encore oublié les jupons de sa mère. Ce sentiment d'ennui et les autres qui s'y ajoutent l'ont fait changer d'avis sur un point très délicat. Autrefois, il ne fallait pas lui parler d'une sœur ou d'un frère qui pourrait venir. Elle dit maintenant : « Je serais bien contente d'avoir une petite « sœur. On la ferait aller en classe, et je resterais à la « maison avec maman (2). »

(1) *Le Sentiment et la Pensée*, p. 91 (Paris, F. Alcan).
(2) B. Pérez, *l'Enfant de trois à sept ans*, p. 211.

Mais l'influence du sentiment sur la pensée apparaît plus manifeste encore dans les sophismes que font commettre l'amour-propre et les passions.

Dans le chapitre célèbre où elle traite des *sophismes de l'intérêt et de l'amour-propre*, la *Logique de Port-Royal* a établi qu'un grand nombre de nos faux raisonnements proviennent de la haute estime que chacun a de soi et reposent sur cette prémisse sous-entendue, mais réelle : « Je suis un habile homme, et je ne puis me tromper. » L'esprit qui prend ainsi pour principe qu'il a raison, est incapable de rechercher impartialement la vérité, puisqu'après s'être une fois prononcé dans un sens, il ne saurait se rendre même à l'évidence. Nous avons vu plus haut que l'amour-propre fait l'enfant raisonneur. Ajoutons que ce n'est pas seulement chez l'homme qu'est souvent forte la tentation de parler de ce qu'on ignore, même quand il s'agit des questions les plus complexes. La bonne opinion qu'un enfant a faussement de lui-même le porte, s'il a été gâté par la flatterie, à ne douter de rien, à trancher sur tout. « J'ai connu autrefois, dit M. B. Pérez (1), le précepteur d'un jeune prince, que l'on élevait fort mal, à n'en juger que par le fait suivant : l'enfant aborde un jour le professeur et lui demande à brûle-pourpoint : « Croyez-« vous à un seul Homère ou à plusieurs ? » Et sans donner à son maître abasourdi le temps de glisser une parole : « Eh bien, moi, je suis sûr qu'il n'y en

(1) *L'Enfant de trois à sept ans*, pp. 199-200.

« a qu'un. » Notez que le prince était censé faire sa septième, et qu'il ne savait pas plus de grec que de latin. Cette sotte présomption, du goût de ses parents, ne devait que s'accroître avec les années. Elle s'affirma de la plus ridicule et plus triste façon dans une circonstance mémorable. Les chefs de corps délibéraient en face de l'ennemi deux fois vainqueur, dans la tente du général en chef, qui n'était autre que le père de l'héritier présomptif. Celui-ci, à peine adolescent, assistait au conseil. A un certain moment, il coupa la parole à un vieux général pour proposer son plan à lui. Le général releva comme il convenait cette impertinence. Le père se contenta de dire doucement à ce conseiller de quatorze ans : « Laisse par- « ler le général X..., il sait mieux que nous ce qu'il y a « à faire. » Cette anecdote peut se passer de commen- taires. »

C'est par l'action qu'elles exercent sur l'associa- tion des idées, en facilitant l'apparition de certaines images, en empêchant la naissance de plusieurs autres, d'un mot en ne nous laissant voir qu'un côté des choses, celui qui leur est favorable, que les pas- sions (entendues au sens large où ce mot signifie en- core les inclinations et les émotions ou sentiments) faussent les jugements et les raisonnements. Cela est surtout « visible, comme le remarquait Nicole, lorsqu'il arrive du changement dans les passions; car, quoique toutes choses soient demeurées dans leur place, il semble néanmoins à ceux qui sont

émus de quelque passion nouvelle, que le changement qui ne se fait que dans leur cœur ait changé
toutes les choses extérieures qui y ont quelque rapport. Combien voit-on de personnes qui ne peuvent
plus reconnaître aucune bonne qualité, ni naturelle
ni acquise, dans ceux contre qui ils ont conçu de
l'aversion, ou qui ont été contraires en quelque
chose à leurs sentiments, à leurs désirs, à leurs intérêts ! Cela suffit pour devenir tout d'un coup à
leur égard téméraire, orgueilleux, ignorant, sans foi,
sans honneur, sans conscience. Leurs affections et
leurs désirs ne sont pas plus justes ni modérés que
leur haine. S'ils aiment quelqu'un, il est exempt de
toutes sortes de défauts. Tout ce qu'ils désirent est
juste et facile ; tout ce qu'ils ne désirent pas est injuste
et impossible ; sans qu'ils puissent alléguer aucune
raison de tous ces jugements, que la passion même
qui les possède, de sorte qu'encore ils ne fassent pas
dans leur esprit ce raisonnement formel : je l'aime,
donc c'est le plus habile homme du monde ; je le
hais, donc c'est un homme de néant, ils le font en
quelque sorte dans leur cœur ; et c'est pourquoi on
peut appeler ces sortes d'égarements des sophismes
et des illusions du cœur, qui consistent à transporter
nos passions dans les objets de nos passions, et à
juger qu'ils sont ce que nous voulons ou désirons
qu'ils soient (1) ».

(1) *Logique de Port-Royal*, part. III, ch. xx. — Cf. Malebranche, *Recherche de la vérité*, liv. V, ch. vi et xi.

Cette influence fâcheuse du sentiment sur la raison n'est nulle part plus grande que chez les enfants. Leurs jugements sur une personne varient parfois d'un jour, d'une heure à l'autre, suivant qu'ils croient avoir à s'en louer ou à s'en plaindre. Dans ses *Souvenirs d'enfance et d'adolescence*, Tolstoï raconte qu'un jour son précepteur, pour l'éveiller doucement, se mit à chasser les mouches au-dessus de son lit; l'enfant ne comprit pas d'abord l'acte du précepteur. « C'est vrai, pensai-je, que je suis petit, mais pourquoi me dérange-t-il ? Pourquoi ne va-t-il pas tuer les mouches au-dessus du lit de Volodia? Il y en a pourtant assez ! Mais non, mon frère Volodia est plus âgé que moi ; je suis le plus petit de tous ; c'est pourquoi il me tourmente. *Il passe sa vie*, murmurai-je à demi-voix, *à chercher ce qu'il pourrait me faire de désagréable*. Il sait très bien qu'il m'a réveillé et qu'il m'a fait peur; mais il fait semblant de ne pas s'en apercevoir... *Le vilain homme! Et sa robe de chambre, et sa calotte, est-ce assez laid ?* » — Mais la scène change : le précepteur chatouille les pieds du dormeur obstiné. « Je renfonçai ma tête dans mon oreiller, j'envoyai des coups de pied de toutes mes forces, et je me tins à quatre pour ne pas rire! *Comme il est bon et comme il nous aime !* disais-je en moi-même. Comment ai-je pu en penser tant de mal ! J'avais du remords, et je ne comprenais pas comment, une minute auparavant, j'avais pu ne pas aimer Karl Ivanitch, et trouver horrible sa robe de chambre, son bonnet et son gland. A présent, au contraire, tout cela me paraissait charmant, et *le gland me semblait même une preuve évidente de la bonté de Karl Ivanitch.* »

L'ignorance, l'irréflexion, l'association des idées, l'imagination, le sentiment, toutes ces causes qui contribuent principalement à faire dévier la pensée, contribuent par là même, suivant que dès l'enfance l'esprit a été prémuni contre elles ou qu'elles le dominent, à diversifier la logique naturelle.

CHAPITRE IV

LES TYPES LOGIQUES

Quand les idées s'enchaînent dans un esprit avec
tant de rigueur qu'il n'existe entre elles aucune contradiction, et que toutes elles tendent vers une même
fin, cette systématisation d'idées conciliables constitue en lui la *logique*. Qu'au contraire, chez tel autre,
elles se succèdent sans suite, ne soient pas coordon-
nées, ou bien, quoique contradictoires, qu'elles
s'unissent dans une même synthèse, convergent
vers une fin commune, vers une conclusion unique,
c'est *l'illogisme*, c'est l'incohérence. Mais, de la
logique la plus rigoureuse à l'incohérence pure, il y

a de nombreux degrés, et aussi des liaisons d'idées de nature fort différente. C'est cette variété de types et de qualités que nous allons maintenant parcourir.

Un esprit logique a pour marque essentielle, disons-nous, l'accord de ses jugements entre eux; il se reconnaît également à l'exactitude des déductions (1), à l'ordre, à la clarté, à la précision des pensées. Les ouvrages de Montesquieu et de Rousseau, écrivait Ad. Garnier, « sont des traités complets, où toutes les matières s'enchaînent. Les principes sont posés : les conséquences s'en déduisent dans un ordre savant et clair ; à mesure qu'on avance on s'instruit ; la conviction se forme, l'auteur vous guide sans vous laisser dévier un instant; il vous offre une route droite et large ; dès le commencement vous apercevez le but de la course ; vous savez toujours où vous êtes et pouvez compter tous les pas que vous avez faits » (2). Nul effort pour suivre le raisonnement. « Ouvrez les *Histoires* de Tite-Live, dit M. Anatole France (*la Vie littéraire*). Là tout est ordonné, lumineux, simple. Tite-Live, ce n'est pas un génie profond... Mais comme il pense régulièrement ! Qu'il est aisé de démonter sa pensée, d'en examiner à part toutes les pièces et d'expliquer le jeu de chacune ! » — « Ce qui me charme dans l'œuvre du maître, dit encore le même écrivain à propos d'Octave Feuillet,

_____

(1) Et, dans la pratique, à la conformité de la conduite avec les jugements, à l'esprit de suite.
(2) *Traité des facultés de l'âme*, t. II, p. 184.

c'est ce bel équilibre, ce plan sage, cette heureuse ordonnance où je retrouve le génie français contre lequel on commet de toutes parts tant et de si monstrueux attentats... la mesure (1). » Voilà bien les caractères auxquels se reconnaissent les œuvres marquées au coin de la logique.

Des philosophes, comme Socrate, ce dialecticien idéal, ce « chien de chasse de Laconie », à qui aucune ruse ne pouvait faire perdre la piste des idées, Aristote, Chrysippe, Descartes, Spinoza, Kant, Hegel, des théologiens, comme Abélard, saint Thomas d'Aquin, Calvin, Bossuet et Bourdaloue, des orateurs, comme Démosthène et Mirabeau, des historiens, comme Thucydide et Tocqueville, des polémistes, comme Pascal, Joseph de Maistre et Proudhon, ont été remarquables entre tous par leur logique puissante et serrée.

Toutefois, pour être logique, un esprit n'est pas nécessairement droit. On voit des hommes intelligents s'enfoncer, de raisonnement en raisonnement, dans les plus étranges extravagances, arriver aux conclusions les plus absurdes, parce qu'ils sont partis d'un principe faux ou simplement parce qu'ils ont appuyé leurs déductions sur une base insuffisante, n'ayant envisagé qu'un seul côté des choses; et les erreurs même auxquelles ils aboutissent alors sont d'autant plus graves que leur logique a été plus rigou-

---

(1) Sur le fond essentiellement logique de l'esprit français, voir E. Faguet, *Drame ancien, drame moderne*, p. 37 et suiv.

reuse, plus infaillible, qu'ils se sont montrés plus conséquents. De là l'opposition qu'on a pu faire de la raison et du raisonnement.

Un argumentateur habile à rapprocher des idées qui ne se conviennent que par un côté fait souvent prendre ainsi des sophismes pour des vérités. Mais quand un esprit produit normalement des raisonnements de cette nature, c'est un esprit *faux*. Un mot présente des acceptions fort différentes, une idée se trouve associée à des idées très diverses; victimes d'un semblant d'analogie, les hommes dont l'esprit est naturellement défectueux, passent d'une acception ou d'une idée à l'autre sans prendre garde à la convenance actuelle de ces acceptions ou de ces idées, uniquement parce qu'elles sont éveillées par l'idée ou le sentiment alors dominant en eux. Perdus de la sorte dans le bruit de leurs paroles, égarés dans le tourbillon de leurs idées, ils ne voient pas les choses sous leur jour véritable. La *Logique de Port-Royal* a depuis longtemps signalé ces esprits faux, « qui n'ont presque aucun discernement de la vérité, qui prennent toutes choses d'un mauvais biais, qui se payent des plus mauvaises raisons, et qui veulent en payer les autres, qui se laissent emporter par les moindres apparences, qui sont toujours dans l'excès et dans les extrémités ; qui n'ont point de serres pour se tenir fermes dans les vérités qu'ils savent, parce que c'est plutôt le hasard qui les y attache qu'une solide lumière; ou qui s'arrêtent au contraire à leur sens avec tant d'opiniâtreté, qu'ils n'écoutent rien de ce qui les pourrait détromper, qui décident hardiment de ce qu'ils ignorent, ce qu'ils n'entendent pas, et ce que personne n'a peut-être jamais entendu... » — « Stériles par excès d'abondance, dit à son tour Balmès (*l'Art d'arriver au vrai*, ch. xxii, §§ 10 et 11), une insupportable loquacité les caractérise ; ils nouent et dénouent, avec une facilité désespérante, des arguments sans valeur ; prononçant hardiment sur toutes choses et presque toujours à faux. Que si, par hasard, ils rencontrent la bonne voie, ils passent sans s'arrêter : le sophisme les entraîne. Vous pourrez quelquefois entrevoir dans leurs aperçus certaines perspectives séduisantes, mirages qui les trompent eux-mêmes, parce qu'ils les prennent pour des réalités solidement établies. Ils ont avancé comme incontestable un fait douteux, inexact ou complètement erroné ; ils ont établi comme principe d'éternelle vérité une supposition gratuite ; ils ont pris une hypothèse pour la réalité. Impérieux, pleins de présomption, n'écoutant rien ; sans autre guide que leur raison faussée ; entraînés par une ardeur invincible de discuter, de parler, ils ne remarquent point que l'édifice qu'ils élèvent manque de solidité ou même ne porte sur rien. — Malheur, ajoute le philosophe espagnol, malheur aux affaires dans lesquelles ces hommes mettent la main, et souvent aussi malheur à eux-mêmes s'ils sont abandonnés à leur propre direction. » C'était déjà la conclu-

(B. F.)

sion de Port-Royal : « La fausseté d'esprit n'est pas seulement cause des erreurs que l'on mêle dans les sciences, mais aussi de la plupart des fautes que l'on commet dans la vie civile, des querelles injustes, des procès mal fondés, des avis téméraires, des entreprises mal concertées. »

Que manque-t-il à de tels hommes ? Est-ce l'intelligence ? Non pas toujours, mais plutôt *le bon sens*. Pour arriver en effet à la vérité, il faut confronter la pensée avec la réalité, les idées avec les choses, tandis qu'ils négligent les choses pour ne songer qu'aux idées. Il importe surtout, dans la pratique, de raisonner non sur ce qui devrait ou pourrait être, mais bien sur ce qui est; ils font généralement le contraire.

Un remarquable échantillon d'esprit faux nous est fourni par Linguet, dont Eug. Despois (1) a esquissé cette plaisante silhouette : « Au siècle de Voltaire et du sens commun, il y avait un être remuant et bizarre, amoureux de toutes les opinions étranges, défenseur passionné des causes perdues: c'était l'avocat Linguet. Ces esprits hasardeux et prompts au paradoxe ont une utilité qu'il est injuste de méconnaître. Ils servent à contrôler de temps en temps les données du sens commun, à les empêcher de passer à l'état de préjugés ou de formules insignifiantes; ils les rajeunissent par la contradiction, par la critique, et leur

_____

(1) Art. sur la *prétendue démocratie des Césars romains*, dans la *Revue nationale*, t. XIV, p. 88.

rendent, comme à une monnaie usée, la vive em-
preinte et le relief que le temps avait effacés... Linguet, esprit très faux, paraît du moins avoir été sin-
cère (1) : l'absurde l'attirait naturellement. Son portrait, gravé par Saint-Aubin, est sa meilleure excuse.
Cette physionomie nerveuse et maladive, cet air un
peu niais, un peu fou, indique un homme prêt à ne
s'étonner de rien, excepté du vrai. On y devine l'esprit
étroit qui devait porter une sorte d'innocence naïve
dans les plus odieuses apologies. Il aimait assez les
Césars, et trouvait que Tacite les avait calomniés (2) :
le reste était à l'avenant (3). C'est lui qui, au temps

(1) Par simple manie de contredire, ou par désir de paraître originales, certaines personnes prennent ce rôle d'avocat du diable : jeu dangereux qui a rendu extravagant et
insupportable plus d'un homme sensé ; car on devient vite la
dupe d'étrangetés voulues d'abord : à force de plaider le
pour et le contre, on finit par ne plus discerner la vérité ; à
force de développer des raisons mauvaises, on finit par les
croire bonnes. « Il y a, dit Malebranche (*Recherche de la
vérité*, IV, 8), une infinité de gens qui perdent le sens commun parce qu'ils le veulent passer et qui ne disent que des
sottises, parce qu'ils ne disent que des paradoxes. »
(2) Il s'agit de Néron et de Tibère, que Linguet a tenté de
réhabiliter dans ses *Révolutions de l'Empire romain*.
(3) Dans sa *Théorie des lois civiles*, Linguet présentait les
Français au temps de Louis XV comme beaucoup plus libres
que les Anglais, et faisait un impudent éloge du despo-
tisme ; conséquent avec sa détermination de se mettre en
hostilité contre les opinions reçues, il prit parti pour les
Jésuites lors de leur expulsion, et soutint également les ré-
formes de Maupeou, non point à cause de leur réelle utilité,
mais parce qu'elles n'étaient pas populaires ; protégé de
l'empereur Joseph II, qui l'avait appelé à Vienne, il publia
des articles en faveur des insurgés du Brabant, ce qui lui valut
l'ordre de quitter l'Empire. — Voy. Ch. Monselet, *les Oubliés
et les Dédaignés ou les Originaux du siècle dernier* (XVIIIe), t. I.

des discussions de Turgot, de Necker et de Galiani, sur le commerce des grains, s'avisa de soutenir que le pain était un poison lent, et que la pomme de terre, d'introduction récente en France, ne tarderait pas à acquérir sur notre sol *les propriétés redoutables du blé.* »

Au lieu de voir dans les choses ce qui n'y est point et de ne rien voir de ce qu'il y a, les esprits *justes* s'attachent à découvrir ce qu'elles contiennent et rien que ce qu'elles contiennent. Ils embrassent l'objet de leur étude tout entier ; ils l'envisagent sous toutes ses faces, dans toutes ses relations. Chacune de leurs paroles, suivant la remarque de Balmès, met une idée en relief, et cette idée répond à la réalité des choses.

Un degré supérieur de justesse est la *finesse*, qui consiste à saisir des vérités, à distinguer des détails que tout le monde n'aperçoit pas, ou encore « à démêler des choses très voisines l'une de l'autre et qui sont cependant différentes, de même qu'une vue fine discerne les nuances les plus délicates (1) ». L'analyse qu'en a faite Pascal, lorsque, sous le nom d'*esprit de finesse*, il a montré en quoi elle diffère de l'*esprit géométrique*, de cette rigidité de raisonnement qui rattache aux principes par de longues chaînes de raisons les conséquences les plus éloignées, est célèbre.

(1) Paul Janet, *Des qualités de l'esprit* (*Revue politique et littéraire*, 1er mai 1880).

Il ne sera pas inutile d'en rappeler ici quelques traits.

En l'esprit de géométrie, observe Pascal, les principes, c'est-à-dire les définitions ou les propositions déjà démontrées, « sont palpables, mais éloignés de l'usage commun ; de sorte qu'on a peine à tourner la tête de ce côté-là, manque d'habitude ; mais pour peu qu'on l'y tourne, on voit les principes à plein ; et il faudrait avoir tout à fait l'esprit faux pour mal raisonner sur des principes si gros qu'il est presque impossible qu'ils échappent. — Mais dans l'esprit de finesse..., les principes (*faits d'observation physique ou morale*) ne se laissent pas ainsi manier. On les voit à peine, on les sent plutôt qu'on ne les voit ; on a des peines infinies à les faire sentir à ceux qui ne les sentent pas d'eux-mêmes : ce sont choses tellement délicates et si nombreuses, qu'il faut un sens bien délicat et bien net pour les sentir, et juger droit et juste selon ce sentiment, sans pouvoir le plus souvent les démontrer par ordre comme en géométrie, parce qu'on n'en possède pas ainsi les principes, et que ce serait une chose infinie que de l'entreprendre. Il faut tout d'un coup voir la chose d'un seul regard, et non pas par progrès de raisonnement, au moins jusqu'à un certain degré. Et ainsi il est rare que les géomètres soient fins, à cause que les géomètres veulent traiter géométriquement les choses fines, et se rendent ridicules, voulant commencer par les définitions et ensuite par les principes, ce qui n'est pas la manière d'agir en cette sorte de raisonnement. Ce n'est pas que l'esprit ne le fasse ; mais il le fait tacitement, naturellement et sans art ; car l'expression en passe tous les hommes, et le sentiment n'en appartient qu'à peu d'hommes... »

Cet esprit de finesse, que développent la conversation et la société, se remarque principalement chez les femmes, et Mme de Sévigné en offre un parfait modèle. Mais à quel degré n'apparaît-il pas chez plusieurs de nos grands écrivains, La Rochefoucauld, La Fontaine, La Bruyère, Voltaire !

Plus large que celle des esprits fins et géomètres, parce qu'elle la renferme comme le genre l'espèce, est la distinction couramment établie des esprits *réfléchis* et des esprits *brillants* (1).

Les premiers, s'attachant au fond, à l'essence des choses, unissent habituellement leurs idées, d'après des rapports logiques, rationnels. Sérieux et méthodiques, ils sont aptes à exceller dans les recherches scientifiques ou dans les spéculations de la philosophie. Mais, parce qu'ils procèdent systématiquement, parce qu'ils vont régulièrement des principes aux conséquences, des causes aux effets, des moyens aux fins, ou inversement, ils sont le plus souvent sans éclat, d'allure un peu lourde, et manquent d'esprit d'à-propos. « Nicole, pour exprimer la lenteur avec laquelle il rassemblait ses idées, disait de l'adversaire avec lequel il disputait : « Il me bat dans la

(1) Voy. H. Marion, *Leçons de psychologie*, pp. 372-373.

chambre, mais je le bats au bas de l'escalier. » Swift rapporte que Newton avait la conception très lente et que si on le questionnait il tournait et retournait la question dans sa tête, avant de pouvoir y répondre. J.-J. Rousseau nous apprend qu'il n'avait d'esprit qu'une demi-heure après les autres. Montesquieu ne brillait pas dans les entretiens d'un salon. » (Garnier.)

On rencontre naturellement dans cette catégorie d'esprits une grande variété, bien des intermédiaires, depuis les hommes illustres dont nous venons de transcrire les noms jusqu'à ces personnages dont l'esprit étroit ne s'élève pas au-dessus d'une certaine médiocrité et que La Bruyère nous peint « sérieux et tout d'une pièce », ne riant point, ne badinant jamais, ne tirant aucun fruit des choses frivoles ; aussi incapables de s'élever aux grandes choses que de s'accommoder, même par relâchement, des plus petites, et sachant à peine jouer avec leurs enfants . (*Caractères*, XI, 89.)

Les esprits plus légers, mais en revanche plus originaux, qui, prenant de préférence les choses par leurs petits côtés, par leurs circonstances fortuites, accidentelles, arrivent, grâce à l'association par ressemblance, à des rapprochements imprévus et piquants, appartiennent à une autre famille : ce sont les esprits *brillants*, plus propres que les précédents à plaire en société, à charmer le monde par la verve et la vivacité de leur conversation, par leurs fines réparties.

Diderot en est un bel exemple. La rapidité des pensées, l'abondance de la parole, l'éclat des couleurs étaient chez lui merveilleux. Rien ne le montre mieux dans tout son jour que le récit laissé par Garat d'une entrevue avec lui. « Il m'épargne, dit Garat, le soin de lui balbutier gauchement le motif de ma visite. Il le devine apparemment à un grand air d'admiration dont je devais être tout saisi. Il m'épargne également les longs détours d'une conversation qu'il fallait nécessairement amener aux vers et à la prose. A peine en est-il question qu'il se lève ; ses yeux se fixent sur moi et il est très clair qu'il ne me voit plus du tout. Il commence à parler, mais d'abord si bas et si vite que, quoique je sois auprès de lui, quoique je le touche, j'ai peine à l'entendre et à le suivre. Je vois dans l'instant que mon rôle doit se borner à l'admirer en silence. Peu à peu, sa voix s'élève et devient distincte et sonore ; il était d'abord presque immobile ; ses gestes deviennent fréquents et animés. Il ne m'a jamais vu que dans ce moment, et lorsque nous sommes debout, il m'environne de ses bras ; lorsque nous sommes assis, il frappe sur ma cuisse, comme si elle était à lui. Si les liaisons rapides et légères de son discours amènent le mot de loi, il me fait un plan de législation ; si elles amènent le mot théâtre, il me donne à choisir entre cinq ou six plans de drames et de tragédies. A propos des tableaux qu'il est nécessaire de mettre sur le théâtre, où l'on doit voir des scènes et non pas entendre des

dialogues, il se rappelle que Tacite est le plus grand
peintre de l'antiquité, et il me récite ou me traduit
les *Annales* et les *Histoires*. Mais combien il est affreux
que les barbares aient enseveli, sous les ruines des
chefs-d'œuvre de l'architecture, un si grand nombre
de chefs-d'œuvre de Tacite. Là-dessus, il s'attendrit
sur la perte de tant de beautés, qu'il regrette et qu'il
pleure comme s'il les avait connues... Du moins encore
si les manuscrits qu'on a découverts dans les ruines
d'Herculanum pouvaient dérouler quelques livres des
Histoires et des *Annales* ! Et cette espérance le comble
de joie. Mais combien de fois des mains ignorantes
ont détruit, en les rendant au jour, des chefs-d'œuvre
qui se conservaient dans les tombeaux ; et là-dessus
il disserte, comme un ingénieur italien, sur les moyens
de faire des fouilles d'une manière prudente et heureuse. Promenant alors son imagination sur les ruines
de l'antique Italie, il se rappelle comment les arts, le
goût et la politesse d'Athènes avaient adouci les vertus terribles des conquérants du monde. Il se trans-
porte aux jours heureux des Lélius et des Scipion,
où même les nations vaincues assistaient avec plaisir
aux triomphes des victoires qu'on avait remportées
sur elles. Il me joue une scène entière de Térence ;
il chante presque plusieurs chansons d'Horace. Il
finit par me chanter réellement une chanson pleine
de grâce et d'esprit qu'il a faite lui-même en impromptu
dans un souper, et par me réciter une comédie très
agréable... Beaucoup de monde entre alors dans son

appartement : le bruit des chaises qu'on avance et qu'on recule le fait sortir de son enthousiasme et de son monologue... En nous séparant, il me donne deux baisers sur le front et arrache sa main de la mienne avec une douleur véritable. »

Si les esprits de cet ordre l'emportent sur les esprits réfléchis lorsqu'il faut user de la parole ou rassembler ses pensées sur le champ, ceux-ci reprennent l'avantage quand il faut méditer et écrire dans le silence du cabinet. « Diderot effaçait Montesquieu et Rousseau dans les assemblées; mais ses livres ne peuvent soutenir un seul instant la comparaison avec les ouvrages de ces deux philosophes. Les pages écrites par Diderot ressemblent à sa conversation; elles sont étincelantes de couleur, pleines de jugements fins et ingénieux, mais sans ordre et sans liaison. Le lecteur est à chaque instant dévoyé, poussé par de brusques secousses : il ne sait où il se trouve et perd de vue le commencement et le terme de sa route. » (Garnier.)

Il y a lieu d'ailleurs de subdiviser les esprits brillants au moins en deux classes bien tranchées, de valeur très inégale. (1)

(1) Voy. dans la *Recherche de la Vérité*, liv. II, 2ᵉ partie, ch. VIII, la jolie comparaison que fait Malebranche entre les esprits *fins*, qui « remarquent aisément les différences des choses » et « pénètrent davantage les sujets qu'ils considèrent », et les esprits *mous et superficiels*, « qui ne brillent que par de fausses lueurs et qui n'éclairent jamais, qui n'approfondissent jamais rien » et « qui parlent cavalièrement de toutes choses. »

Les uns, que l'on peut appeler les *frivoles*, ne sont guère capables d'aperçus vraiment ingénieux ou instructifs, mais plutôt de rapprochements puérils, et si leurs boutades ou leurs pointes provoquent le rire, elles ne sauraient cacher le vide de leurs pensées ; parfois même, chez certains d'entre eux, chez les *faiseurs de calembours*, l'association par ressemblance unit seulement, au lieu d'idées, les mots dont le son est analogue. Mais, quels qu'ils soient, leur caractéristique, c'est la stérilité, le manque de fond, c'est l'impossibilité de creuser une pensée. Incapables de s'intéresser dix minutes au même sujet, ils répugnent, comme le remarque M. Paulhan (1), à tout ce qui est analyse ou synthèse, à tout ce qui tend à les faire réfléchir. La réflexion sous toutes ses formes, c'est-à-dire la concentration, la systématisation imposée aux idées, est impossible à leur esprit, essentiellement éparpillé. Ils sont à la merci de leurs impressions et ont besoin d'elles, car, si rien ne les stimule, ils s'éteignent naturellement. Aussi recherchent-ils volontiers les excitations extérieures, les sociétés bruyantes ou brillantes, les théâtres ou les bals, tout ce qui donne à l'esprit de petites secousses vite amorties.

Au-dessus de cette classe d'esprits, généralement faux, se placent les hommes à intelligence originale et primesautière, que l'on appelle les *gens d'esprit*.

(1) *Esprits logiques et Esprits faux*, pp. 341-342 (Paris, F. Alcan).

Bien différents des frivoles, qui jouent seulement à la surface des choses, ils en pénètrent les profondeurs; non sans doute de même façon que les esprits réfléchis, mais, grâce à une sorte d'inspiration, par des rapprochements inattendus, par des comparaisons nouvelles, ils font ressortir les rapports délicats qui existent entre des idées les plus dissemblables en apparence, ils réunissent des choses très éloignées et contribuent ainsi à la découverte de la vérité. Par là en même temps qu'ils amusent, ils instruisent de quelque manière.

Lorsque s'harmonisent dans une heureuse synthèse les meilleures qualités constitutives des esprits réfléchis et des esprits brillants, l'on a les esprits *profonds* (1), qui joignent à la force de la pensée la pénétration prompte et lucide, l'*intuition*, qui possèdent « la puissance de découvrir ce qui est très caché, de franchir une longue chaîne de pensées, de rassembler en un seul trait mille traits différents » (2). Bien rares sont les hommes ainsi doués. Dante, Rabelais, Cervantès, Pascal, Molière, Goethe, Victor Hugo, Tolstoï en réalisent diversement le type.

Shakespeare surtout, qui « franchit, comme dit Taine (3), entre deux mots des distances énormes et

(1) On pourrait encore les qualifier de *synthétiques*, parce qu'ils embrassent les ensembles, saisissent les analogies lointaines, en quoi ils se distinguent des esprits *analytiques*, aptes seulement à connaître les choses par le détail (Voir notre ouvrage sur l'*Abstraction*, pp. 98-100).

(2) Paul Janet, *loc. cit.*

(3) *Histoire de la littérature anglaise*, t. II, p. 190 et suiv.

se trouve aux deux bouts du monde en un instant. Le lecteur cherche en vain des yeux la route intermédiaire, étourdi de ces sauts prodigieux, se demandant par quel miracle le poète, au sortir de cette idée, est entré dans cette autre, entrevoyant parfois entre deux images une longue échelle de transitions que nous gravissons pied à pied avec peine, et qu'il a escaladée du premier coup. Shakespeare vole, et nous rampons... Les objets entraient organisés et complets dans son esprit; ils ne font que passer dans le nôtre, désarticulés, décomposés, pièce à pièce. Il pensait par blocs, et nous pensons par morceaux : de là son style et notre style, qui sont deux langues inconciliables. Nous autres, écrivains et raisonneurs, nous pouvons noter précisément par un mot chaque membre isolé d'une idée et représenter l'ordre exact de ses parties par l'ordre exact de nos expressions : nous avançons par degrés, nous suivons les filiations, nous nous reportons incessamment aux racines, nous essayons de traiter nos mots comme des chiffres, et nos phrases comme des équations; nous n'employons que les termes généraux que tout esprit peut comprendre et les constructions régulières dans lesquelles tout esprit doit pouvoir entrer; nous atteignons la justesse et la clarté, mais non la vie. Shakespeare laisse là la justesse et la clarté et atteint la vie. Du milieu de sa conception complexe et de sa demi-vision colorée, il arrache un fragment, quelque fibre palpitante, et vous le montre; à vous, sur ce débris, de deviner le reste; derrière le mot, il y a tout un tableau, un long raisonnement en raccourci, un amas d'idées fourmillantes... Il y a tel mot d'Hamlet ou d'Othello qui pour être expliqué demanderait trois pages de commentaires; chacune des pensées sous-entendues que découvrirait le commentaire laissait sa trace dans le tour de la phrase, dans l'espèce de la métaphore, dans l'ordre des mots; aujourd'hui, en comptant ces traces, nous devinons les pensées. Ces traces innombrables ont été imprimées en une seconde dans l'espace d'une ligne. A la ligne suivante, il y en a autant, imprimées aussi vite et dans le même espace. Vous mesurez la concentration et la vélocité de l'imagination qui crée ainsi... C'est pour cela que Shakespeare est étrange et puissant, obscur et créateur par delà tous les poètes de son siècle et de tous les siècles, le plus immodéré entre tous les violateurs du langage, le plus éloigné de la logique régulière et de la raison classique. »

A l'opposé des esprits profonds, capables de saisir la vérité dans sa complexité, il faut ranger les esprits *bornés*, qui non seulement n'aperçoivent pas comme eux d'une vue immédiate, intuitive, les rapports lointains des idées ou des choses, mais qui, esclaves des premières associations venues, entraînés par les diverses images éveillées peu à peu dans leur cerveau, ne peuvent poursuivre le plus simple raisonnement. Incapables de dégager le général du particulier, de séparer l'accessoire de l'essentiel, ils sont le désordre

même, parce que tout est, chez eux, sur le même
plan. « Racontant un événement, ils s'arrêtent pour
délibérer si c'était dimanche ou lundi, si c'était devant Jean ou Pierre, quoique cela n'importe pas à
la chose; ils hésitent, se reprennent, s'interrompent
pour corriger un détail qu'ils ont donné un quart
d'heure avant, pour en ajouter un qu'ils ont omis.
Détestables auditeurs, ils rectifient opiniâtrément les
moindres erreurs, complètent les moindres lacunes
du récit qu'on fait : si le narrateur est fait à leur
mode, on épilogue, on dispute à perte de vue sur un
point de nulle valeur, et l'on n'en sort pas, le récit
ne s'achèvera pas; si c'est un homme d'esprit, il leur
passe la parole. Ce ne sont pas des esprits hargneux,
contredisants; ce sont des esprits étroits, à courte
vue. Ces gens-là ne savent pas suivre leur idée : un
détail en amène un autre, qui traîne après lui une
série. On s'aperçoit qu'on s'égare : d'un bond on se
remet dans le chemin, on lâche la traverse, brusque-
ment, sans prévenir. Mais au cours d'une phrase
surgit un mot qui tire le narrateur hors de sa voie :
autre écart, autre retour brusque, pour s'égarer encore bientôt. C'est vraiment le voyage en zigzag; tout
se mêle, s'entre-croise; on ne fait que sauter de droite
et de gauche. On ne sait où l'on va, ni si l'on
va (1). »

Les personnes à l'intelligence inculte sont surtout

(1) Lanson, l'Art d'écrire, p. 82. — Cf. notre ouvrage sur
l'Abstraction, p. 95.

enclines à ces propos décousus, aux répétitions sans
fin. Écoutez ce radotage d'une commère :

LADY CAPULET. — Nourrice, tu sais que ma Juliette
est déjà grande !

LA NOURRICE. — Oh ! je le sais bien ; je sais son âge.
Je ne me tromperais pas d'une minute.

LADY CAPULET. — Quatorze ans à peu de chose près.

LA NOURRICE. — Pas encore, pas encore ! Je parierais
quatorze de mes dents... (et à mon grand chagrin il
faut dire qu'il ne m'en reste plus que quatre...) oui, je
suis sûre qu'elle n'a pas quatorze ans. — Dans combien
la Saint-Pierre ?

LADY CAPULET. — Dans quinze ou seize jours.

LA NOURRICE. — Eh bien ! eh bien ! à la Saint-Pierre
au soir, pas plus tard, pas plus tôt, elle aura quatorze
ans, juste ! Elle est du même âge que ma Suzanne. Dieu
veuille avoir son âme ! Ma Suzanne est là-haut ! Le bon
Dieu me l'a reprise. Je vous disais donc qu'à la Saint-
Pierre elle aurait quatorze ans ni plus ni moins. Je m'en
souviens comme si j'y étais. N'y a-t-il pas onze ans de
ce grand tremblement de terre ?... Oui, elle venait
d'être sevrée, et je ne l'oublierai pas ! C'était un jour
où vous et Monseigneur étiez partis pour Mantoue. Je
ne perds mémoire de rien, moi ! Je m'étais assise sous
le pigeonnier, au soleil. J'ai une bonne tête ! J'avais
frotté de suc de coloquinte le bout de mes mamelles ;
elle tétait, la pauvre petite !... Oh ! quand elle eut tou-
ché le mamelon, pauvre innocente, comme elle cria,
comme elle secoua la tête !... C'était sous le pigeonnier,
comme je vous le disais tout à l'heure. Voilà le pigeonnier qui tremble, tremble... Oh ! il n'y a pas eu besoin
de me crier : *Sauve qui peut !* Il y a de cela onze ans,
comme je le disais ; elle marchait seule ; elle courait

déjà dans la grande cour, comme une belle fille qu'elle était; si bien que, la veille même, elle était tombée sur le front en courant. Feu mon homme, avec Dieu soit son âme!... Feu mon homme donc, qui aimait à rire, la prit sur ses genoux, etc. etc. (1).

Ne demandez pas à de telles gens de presser leurs paroles, de passer au fait : en les lançant dans des digressions nouvelles, supplications, reproches ou interruptions ne risquent que d'augmenter la longueur du récit, et le mieux est de les laisser aller, quitte à s'armer de toute sa patience.

En général, ces ruptures et ces déviations du discours, ces arrêts continuels dans le développement de l'idée principale, ces piétinements sur place sont dus à l'association des idées, à l'imagination machinale. Mais quelquefois c'est le sentiment qui cause l'illogisme, et cela de deux façons différentes.

Chez les uns, il produit une sorte d'arrêt du raisonnement, une immobilité de l'esprit, fixé dans quelque attitude déterminée par l'inclination, par la tendance. Le raisonnement est devenu impossible, il est proscrit. On ne discute pas un sentiment, telle est la formule qu'aiment les esprits de cet ordre et qui exprime bien leur nature. Non seulement il est souvent

(1) *Roméo et Juliette*, acte I, sc. 3, trad. Philarète Chasles. — Voy. aussi (acte II, sc. 5) la scène où la nourrice rapporte à Juliette des nouvelles de son amant; et (acte III, sc. 2) le bavardage plus intarissable et plus insupportable encore de la bonne femme quand elle vient lui annoncer la mort de son cousin et l'exil de Roméo.

impossible de les convaincre, « mais on peut observer également que la conviction intellectuelle est une
chose dont beaucoup n'ont aucune idée. Ils tiennent
diversement à leur désir, et voilà tout ce qu'on peut
constater. Ils essayent moins de comprendre une raison qu'ils ne cherchent un mot quelconque pour
y répondre. Ce mot est presque toujours un sophisme. Si le sophisme ne vient pas, les représentants
inférieurs du type le remplacent par un mensonge ; si
le mensonge est impossible, par une injure, une pro-
vocation, un défi. Cette incompréhension de la connaissance intellectuelle est typique, et l'appel au
coup de poing ou au coup d'épée, pour trancher une
question, lorsque d'autres voies sont ouvertes, dé-
cèle nettement une certaine classe d'intelligences...
La femme, il faut bien le reconnaître, est, en général et sauf exception, plus réfractaire encore que
l'homme à la démonstration purement intellectuelle.
De même que l'homme et plus souvent que lui, elle
niera un fait, repoussera une conséquence, s'em-
portera, fera valoir de mauvaises raisons, des pleurs
ou des crises de nerfs pour ne pas modifier ses idées
et ne paraître pas même supposer qu'il existe une
véritable démonstration intellectuelle (1). »

Chez d'autres, la passion n'empêche pas le raisonnement ; mais, parce qu'elle décide de la direction des idées, *elle le fausse* ; elle fait déraisonner,
en suscitant des images qui s'imposent à l'esprit et

(1) Paulhan, *ouv. cité*, p. 312.

rompent l'ordre logique ; de sorte que l'argumentation commencée sous les auspices de la raison se poursuit et s'achève suivant les impulsions du cœur. Ce sont encore principalement les femmes en qui cet illogisme apparaît. Mais des hommes, même supérieurs, n'en sont pas exempts. On les voit associer dans un ouvrage ou dans un discours les propositions les plus heurtées, formuler des conclusions inconciliables avec les principes établis, défendre aujourd'hui ce qu'ils condamnaient hier. D'où vient cette mobilité dans leurs opinions ? D'où cette inconsistance qui leur fait soutenir le pour et le contre avec la même conviction ? De ce que cette conviction est puisée dans l'exaltation d'un sentiment, sentiment qui varie suivant les impressions du moment.

Quand l'inconséquence s'accentue et que les contradictions abondent, quand les idées, au lieu de s'enchaîner, se suivent à l'aventure, vont ou viennent au hasard, sans liaison, sans but, et que l'on aboutit à une conclusion que rien ne fait prévoir et que rien ne justifie, l'illogisme devient l'*incohérence* complète.

Molière (*Don Juan*, acte v, sc. 2) en donne un modèle, exagéré d'ailleurs à dessein, dans cette tirade d'un valet prétendant faire à son maître une leçon de morale :

SGANARELLE. — Sachez, Monsieur, que tant va la cruche à l'eau, qu'enfin elle se brise ; et, comme dit

fort bien cet auteur, que je ne connais pas, l'homme
est en ce monde, ainsi que l'oiseau sur la branche ; la
branche est attachée à l'arbre ; qui s'attache à l'arbre
suit de bons préceptes ; les bons préceptes valent mieux
que les belles paroles ; les belles paroles sont à la cour ;
à la cour sont les courtisans ; les courtisans suivent la
mode ; la mode vient de la fantaisie ; la fantaisie est
une faculté de l'âme ; l'âme est ce qui nous donne la vie ;
la vie finit par la mort ; la mort nous fait penser au
ciel ; le ciel est au-dessus de la terre ; la terre n'est
point la mer ; la mer est sujette aux orages ; les orages
tourmentent les vaisseaux ; les vaisseaux ont besoin
d'un bon pilote ; un bon pilote a de la prudence ; la prudence n'est pas dans les jeunes gens ; les jeunes gens
doivent obéissance aux vieux ; les vieux aiment les
richesses ; les richesses font les riches ; les riches ne
sont pas pauvres ; les pauvres ont de la nécessité ; la
nécessité n'a pas de loi ; qui n'a pas de loi vit en bête
brute ; et, par conséquent, vous serez donné à tous les
diables.

Don Juan. — O le beau raisonnement !

Ce beau raisonnement est le raisonnement ordinaire du *rêve*.

Le rêve, en effet, est essentiellement caractérisé
par une dissolution bizarre de toute espèce d'ordre,
par un chaos, par un tourbillon d'images où l'on ne
saurait trouver de lien ; et cela se conçoit sans peine.
Comme il a pour éléments constitutifs aussi bien les
excitations venues du dehors ou celles qui ont leur
source dans notre organisme, que les idées qui
nous préoccupent habituellement, les événements du
jour précédent ou même les impressions incons-

cientes des heures de la veille, il est clair, à première
vue, que ce concours simultané d'impressions ini-
tiales, sans aucun rapport entre elles, doit y intro-
duire déjà un étrange désordre.

Les lois de l'association, travaillant à leur tour
sur les éléments hétérogènes ainsi jetés au milieu de
la conscience, donnent aux combinaisons du rêve
une apparence de confusion et de désordre plus
grands encore. On sait que « d'après ces lois, une
idée quelconque peut, dans certaines circonstances,
en appeler une autre, pourvu que les impressions correspondantes se soient présentées une fois simultanément, ou que ces deux idées aient entre elles une
certaine ressemblance. Toute coïncidence accidentelle, telle que la rencontre d'une personne en pays
étranger, toute ressemblance, même insignifiante
entre les objets, les sons, etc., peut ainsi dans le rêve
ouvrir une voie, pour ainsi dire, de la réalité à la
fantaisie.

« A l'état de veille, ces innombrables chemins
ouverts à l'association sont en réalité barrés par
l'extrême énergie de ces groupes d'impressions bien
liées que nous fournit le monde par l'intermédiaire
des organes des sens, et aussi par le contrôle volontaire de la pensée intérieure qui obéit à l'influence
des besoins et des désirs de la vie pratique. Pendant
le rêve, ces deux influences disparaissent, de sorte
que les fils délicats de l'association, qui n'ont aucune
chance de produire jamais une secousse, pour ainsi

dire, pendant la veille, font maintenant connaître
leur force cachée... Pendant la veille, notre pensée
associe les choses selon leurs ressemblances essentielles, classant les objets et les événements pour les
besoins de la connaissance ou de l'action, selon
leurs analogies les plus étendues et les plus impor-
tantes. Dans le sommeil, au contraire, la ressemblance la plus légère, à peine indiquée, peut engager l'esprit et influer sur la direction de la fantaisie (1). »

Cet effet paraît clairement dans un rêve que rapporte Alf. Maury et dans lequel il passait d'un groupe
d'images à un autre par suite d'une simple similitude
de noms: « Je pensais, dit-il, au mot *kilomètre*, et
j'y pensais si bien que j'étais occupé en rêve à marcher sur une route où je lisais les bornes qui mar-
quent la distance d'un point donné, évaluée avec
cette mesure itinéraire. Tout à coup, je me trouve
sur une de ces grandes balances dont on fait usage
chez les épiciers, sur un des plateaux de laquelle un
homme accumulait des *kilos*, afin de connaître mon
poids. Puis, je ne sais trop comment, cet épicier me
dit que nous ne sommes plus à Paris, mais dans l'île
de Gilolo, à laquelle je confesse avoir très peu pensé
dans ma vie. Alors mon esprit se porte sur l'autre
syllabe de ce nom; et changeant en quelque sorte
de pied, je quittai la première et me mis à glisser

---

(1) J. Sully, *les Illusions des sens et de l'esprit*, pp. 114-116.
(Paris, F. Alcan).

sur le second, et j'eus successivement plusieurs rêves dans lesquels je voyais la fleur nommée *Lobélia*, le général *Lopez*, dont je venais de lire la déplorable fin à Cuba ; enfin, je me réveillai faisant une partie de *loto*. Je passe, il est vrai, quelques circonstances intermédiaires dont le souvenir ne m'est pas assez présent et qui ont vraisemblablement aussi des assonances semblables pour étiquettes. Quoi qu'il en soit, le mode d'association n'en est pas moins ici manifeste. Ces mots, dont l'emploi n'est certes pas journalier, avaient enchaîné des idées fort disparates (1). »

Notre état dans le rêve est ainsi voisin de cette condition enfantine de l'intelligence qui marque la décadence sénile et les envahissements de la folie. Depuis longtemps, d'ailleurs, on a signalé ce parallélisme. Kant appelait le fou un rêveur éveillé ; plus récemment, Wundt a fait cette remarque que, dans le sommeil, « nous pouvons constater presque tous les phénomènes que nous rencontrons dans les maisons d'aliénés ». La bizarrerie des combinaisons et l'absence de tout jugement en ce qui concerne la suite ou la convenance des idées sont autant de traits caractéristiques communs aux deux états.

Comme dans le rêve, en effet, les divagations de la *folie* sont dues souvent à de simples assonances, qui, s'appelant les unes les autres, se groupent automatiquement ; tel est le cas de cette malade, citée par

(1) *Le Sommeil et les Rêves*, p. 110.

Parchappe, qui faisait à chaque instant dans son langage des associations d'idées de ce genre : « On dit que la vierge est folle, on parle de la lier, ce qui ne fait pas les affaires du département de l'Allier. » Un jour qu'on lui prescrivait de faire de la charpie, elle répondit qu'elle ne savait pas. « Je vous dis d'en faire », insista le médecin. — « Il ne fait pas bon dans l'enfer », répondit-elle.

D'autres fois, sous l'incohérence générale, on découvre bien un certain sentiment ou une certaine idée fixe qui dirigent vaguement l'esprit, mais sans qu'il puisse s'y maintenir ou les suivre, entraîné qu'il est à chaque instant dans des directions différentes. Les écrits des aliénistes ne contiennent que trop d'attristants exemples de ces conceptions délirantes.

Parce que l'enfant subit plus que l'adulte l'influence de son organisme et des circonstances, une certaine incohérence lui est naturelle. Oubliant vite l'instant qui s'écoule, incessamment sollicité par des impressions nouvelles, son esprit, faute d'idées directrices et d'habitudes acquises propres à la compléter, à la rectifier ou à la contenir, est aisément dominé par l'impression présente. Joignez à cela l'impatience naturelle à cet âge qui porte l'enfant à se contenter le plus souvent de comparaisons superficielles.

Mais l'incohérence dont il fait preuve n'est ordinairement que passagère. Avec le développement de son expérience et les progrès de sa raison, l'enfant généralise plus prudemment, associe ses idées d'après leurs vrais rapports, et s'élève peu à peu à la logique supérieure de l'homme.

Il est au surplus des moyens qui contribuent puissamment à cette éducation du raisonnement. C'est d'eux qu'il nous reste à traiter.

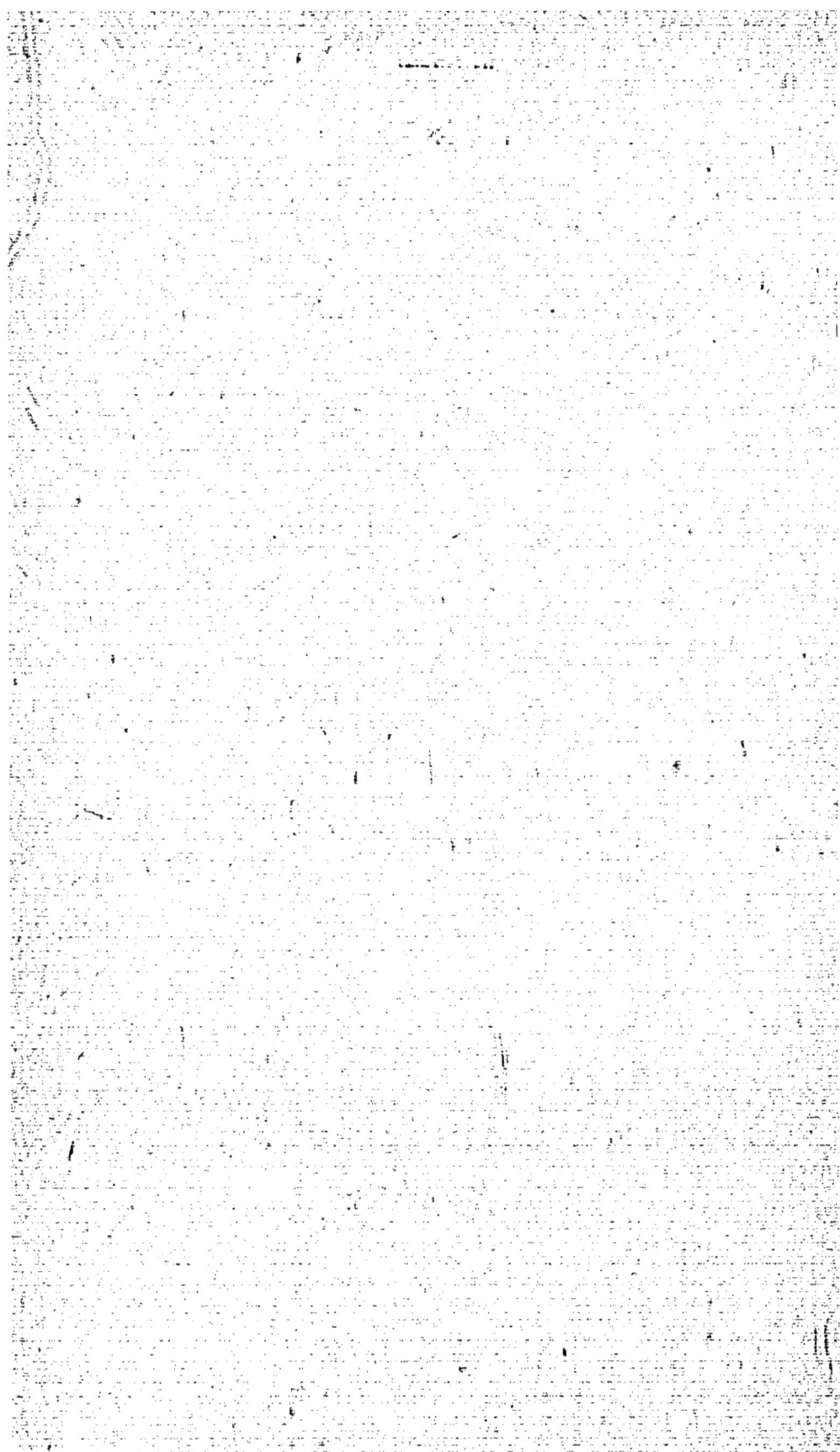

CHAPITRE V

L'ÉDUCATION DU RAISONNEMENT

> « L'homme est visiblement fait pour penser ; c'est toute sa dignité et tout son mérite ; et tout son devoir est de penser comme il faut »
>
> PASCAL.

Importance de l'éducation du raisonnement. — Efficacité des règles de la Logique. — Exemple de Stuart Mill. — De l'abus du raisonnement ; — exemples. — De la distinction à établir entre le logicien raisonnable et le logicien à outrance. — Règles à suivre et exercices logiques à pratiquer. — Précautions à prendre contre l'ambiguïté des termes. — Utilité des *mathématiques* pour discipliner l'esprit et l'habituer à *déduire* avec rigueur. — Danger que présente la pratique seule des mathématiques. — Nécessité d'y remédier par la culture de *l'esprit de conjecture*. — Utilité des *sciences physiques* pour apprendre à observer et à *Induire*. — Dangers qu'elles peuvent faire courir à l'esprit. — *Importance des autres études :* géographie, histoire, grammaire, littérature, philosophie. — Précautions à prendre contre les causes morales des sophismes (passions, amour-propre, intérêt, présomption). — Rôle de la volonté. — Défiance à l'égard de l'autorité et des préjugés. — Conclusion.

Après avoir constaté combien sont variés et fréquents les sophismes et quelles causes multiples les font commettre, il serait superflu de démontrer la

nécessité pour l'enfant d'une éducation du raisonnement. « J'ai connu, dit Locke, un homme tout à fait
ignorant des règles du syllogisme, qui apercevait
d'abord la faiblesse et les faux raisonnements d'un
long discours artificieux et plausible où des gens exer-
cés à toute la finesse de la Logique se laissaient attraper. » Sans doute, quand il existe, le sens droit peut
suffire à la rigueur. Mais combien sera-t-on plus
assuré de ne pas faillir, lorsqu'on aura reconnu les
conditions que doit remplir le raisonnement pour
être valide, et qu'ainsi l'on se sera mis en garde
contre ce qui peut le faire dévier. C'est pourquoi
rien ne doit être plus efficace, semble-t-il, que l'étude
des règles générales de la Logique pour habituer l'esprit à la netteté et à la précision, pour lui apprendre
à ordonner et à conduire ses pensées avec justesse et
avec rigueur, et pour lui permettre de saisir les
défauts de propositions dont autrement il ne senti-
rait que vaguement la faiblesse.

Stuart Mill est ici une autorité précieuse. « La première opération intellectuelle où je fis des progrès,
a-t-il écrit, ce fut la dissection d'un mauvais argu-
ment et la recherche du gîte de l'erreur ; toute l'habileté que j'ai acquise en ce genre, je la dois à la persévérance infatigable avec laquelle mon père m'avait
dressé à cette gymnastique intellectuelle où la
Logique de l'école et les habitudes d'esprit qu'on
acquiert en l'étudiant jouaient le principal rôle. Je
suis convaincu que, dans l'éducation moderne, rien

ne contribue plus, quand on en fait un usage judi-
cieux, à former des penseurs exacts, fidèles au sens
des mots et des propositions, et en garde contre les
termes vagues, lâches et ambigus... Grâce à cette
étude, des élèves parviennent à débrouiller une idée
confuse et contradictoire avant que leur propre
faculté de penser ait atteint son plein développement,
tandis que tant d'hommes capables d'ailleurs n'y
peuvent parvenir, faute d'avoir été soumis à cette
discipline. Quand ils veulent répondre à leurs adversaires, ils s'efforcent de soutenir l'opinion contraire
sans même essayer de répondre aux arguments de
leurs antagonistes (1)... »

Cette valeur de la Logique, tant pour l'exposition
que pour la discussion, fait la supériorité dialec-
tique des hommes rompus aux exercices qu'elle
enseigne. L'avocat et le théologien sont généralement plus aptes que le médecin ou le savant à soutenir une argumentation, à découvrir le côté faible
d'une preuve, à déjouer les ruses d'un adversaire,
comme aussi à profiter de ses fautes.

Et pourtant l'époque qui fut le triomphe de la
Logique, la *Scolastique*, ne jouit pas d'une bonne
réputation. Elle eut en effet le tort de se préoccuper
tellement de la forme des raisonnements, qu'elle em-
pêchait les esprits de méditer sur leur contenu.
Entre ses mains, la Logique était devenue une sorte

---

(1) *Mémoires*, p. 12. — Cf. *Logique de Port-Royal*, III⁰ partie,
§ 1ᵉʳ, — et Leibniz, *Nouveaux Essais*, liv. IV, ch. XVII.

d'algèbre, qui conduisait, par une simple combinai-
son de signes, d'un principe donné à sa conséquence.
« L'étudiant prenait là, dit Michelet (1), une faculté
précieuse, celle de se payer de mots. Que si pourtant il s'obstinait à garder quelque jugement, la dispute en venait à bout. Heureux effets de concurrence, d'émulation, de vanité ! Mis en présence,
dressés sur leurs ergots, ces jeunes coqs prenaient là
un cœur héroïque pour argumenter à mort, embrouiller les questions, stupéfier les auditeurs, et eux-mêmes s'hébéter au vertige de leur propre escrime.
La gloire était de ferrailler six heures, dix heures,
sans reculer et de trouver des mots encore. Tournois
sublimes, mirifiques batailles que la nuit seule pouvait finir. Juges et combattants, tous se retiraient
pleins d'admiration pour eux-mêmes, gonflés, vides
et presque idiots... »

On connaît la scène du *Malade imaginaire* (2), où
M. Diafoirus présente à Argan son grand benêt de
fils : « Je puis dire sans vanité, s'écrie-t-il, que, depuis
deux ans qu'il est sur les bancs, il n'y a pas de candidat qui ait fait plus de bruit que lui dans toutes
les disputes de notre école. Il s'y est rendu redou-

(1) *Histoire de France*, Introduction à l'époque de la Renaissance. — Notons au reste, comme circonstance atténuante,
que l'abus même que l'on fit alors de la méthode syllogistique n'est pas sans avoir eu quelque avantage, puisqu'on
lui attribue deux des qualités maîtresses de notre langue,
la précision et la clarté.

(2) Acte II, sc. 5.

table, et il ne s'y passe point d'acte où il n'aille argumenter à outrance pour la proposition contraire. Il est ferme dans la dispute, fort comme un Turc sur ses principes, ne démord jamais de son opinion, et poursuit un raisonnement jusque dans les derniers recoins de la Logique. Mais, sur toute chose, ce qui me plaît en lui, et en quoi il suit mon exemple, c'est qu'il s'attache aveuglément aux opinions de nos anciens. »

Gil Blas, si bien dupé par un parasite dès ses premiers pas dans le monde, s'était acquis, lui aussi, une grande réputation en ce genre : « Je m'appliquai, dit-il (1), à la Logique, qui m'apprit à raisonner beaucoup. J'aimais tant la dispute, que j'arrêtais les passants, connus ou inconnus, pour leur proposer des arguments. Je m'adressais quelquefois à des figures hibernoises qui ne demandaient pas mieux ; et il fallait alors nous voir disputer. Quels gestes ! Quelles grimaces ! quelles contorsions ! Nos yeux étaient pleins de fureur, et nos bouches écumantes : on nous devait plutôt prendre pour des possédés que pour des philosophes. »

Ce sont assurément de tels abus que Montesquieu avait en vue, quand il écrivait : « J'aime les paysans, ils ne sont pas assez savants pour raisonner de travers. »

Mais la note juste nous paraît ici donnée par M. Paulhan, dans la distinction qu'il fait du logicien

_____
(1) Liv. I, ch. 1er.

raisonnable et du logicien à outrance : « On blâme certains auteurs d'être trop logiques, de trop pousser à bout leurs théories et l'on parle des bienfaits de la modération... En fait, on n'est jamais trop logique, et même on ne l'est jamais assez. Ce qu'on appelle logique exagérée, c'est l'outrance, et c'est ainsi, à certains égards, le contraire de la logique, c'est, en tous cas, une logique trop spécialisée. Il n'y a jamais de danger à tirer logiquement de propositions vraies tout ce qu'elles peuvent contenir ; ce qui est vrai, c'est qu'il est très difficile de le faire, et que l'on bronche facilement. Il est assez singulier que l'on soit obligé encore de le faire remarquer, mais l'habitude générale est de se rendre très peu compte de la portée de ce qu'on dit ou de ce qu'on pense, et c'est un défaut de logique bien commun qui porte à médire de la Logique.

« Aussi Mill avait-il raison de la défendre. Seulement, ce qui fait la force apparente de la thèse de ses adversaires, c'est la difficulté de l'appliquer. Le syllogisme qui conduit à nos croyances n'a pas trois termes, il en a un nombre indéfini, et parmi eux plusieurs peuvent être douteux ou mal compris. De là le danger, non pas de la logique, mais, au contraire, de l'illogisme auquel s'expose souvent le raisonneur. L'outrancier n'y échappe pas. Ce qui le caractérise, c'est précisément un double caractère très marqué de logique et d'illogisme. De logique, puisqu'il va très loin dans la voie qu'il s'est ouverte, puisqu'il tire de certains principes des conséquences rigoureuses,

D'illogisme, puisque, à côté de ces principes qu'il développe, à côté de ces faits dont il poursuit jusqu'au bout les conséquences, il est d'autres principes et d'autres faits dont la portée logique lui échappe, qui restent cependant inexpliqués par ce qu'il admet et qu'il dédaigne le plus illogiquement du monde » (1).

Tel est, en particulier, le cas de l'enfant, naturellement porté à pousser les idées jusqu'à leurs conséquences extrêmes et dont la logique excessive fait quelquefois, comme on dit, un enfant terrible.

Pour qu'il bénéficie des avantages que doit lui procurer l'usage du raisonnement légitime, on aura donc soin de l'habituer à ne s'appuyer que sur des principes indubitables, à prouver par conséquent tout ce qui ne sera pas évident par soi ou déjà démontré ; on lui apprendra à mettre en forme les raisonnements qu'il fait ; on l'exercera à découvrir la fausseté de certains arguments choisis exprès comme à justifier la validité de certains autres.

Cette pratique est recommandée par les pédagogues. « Un syllogisme, dit de la Hautière, peut être très correct dans la forme et aboutir à l'erreur, c'est ce qui arrive quand les prémisses sont fausses... On doit avant tout examiner si la proposition générale dont on prétend tirer une conséquence a toute la généralité qu'on lui attribue, car, si elle n'est vraie qu'en partie, la conclusion peut fort bien être

---

(1) *Ouv. cité*, pp. 163-164.

au nombre des exceptions dont on n'a pas tenu compte. Si on commence par poser en principe que quiconque a une grande mémoire est privé de jugement, on en conclut très légitimement que telle personne qui a une grande mémoire est sans jugement. Mais le principe est faux. En admettant qu'il fût vrai, on pourrait se tromper encore en jugeant sur des indices insuffisants que cette personne a une grande mémoire, et la conclusion serait encore mauvaise. Il faut vérifier la généralité du principe, et examiner avec soin si on a de bonnes raisons pour y faire rentrer le cas particulier dont on s'occupe. C'est par l'induction qu'on s'élève du particulier au général, et les règles de l'induction apprennent à donner des principes vrais à la déduction ; mais un bon moyen de reconnaître la fausseté d'un jugement sur lequel s'appuie un raisonnement, c'est de le formuler. Il arrive souvent qu'il est sous-entendu et comme dans l'ombre, on ne voit pas bien ses défauts : exprimez-le, il choque. Voilà pourquoi il est bon dans certains cas de donner la forme d'un syllogisme complet à ses raisonnements. On dira bien : il a trop de mémoire pour avoir du jugement ; et on hésitera à dire que tout homme qui a une grande mémoire est dépourvu de jugement ; les exceptions s'offriront alors à l'esprit, et on deviendra moins affirmatif... Peu de sophismes et de paradoxes résisteraient à une analyse qui s'attacherait à retrouver sous les dehors d'une éloquence trompeuse la majeure, la mineure

et les trois termes. Il y a là pour les classes un
excellent exercice, facilement praticable ; il est usité
chez les Anglais, qui n'ont pas cependant la réputation de se nourrir de viande creuse. On pourrait
demander à l'élève de trouver le moyen terme qui
permet de construire le raisonnement ; la découverte du moyen terme exige un effort d'esprit, c'est
la part de l'invention dans la déduction. Soit à
prouver que l'histoire est utile, on imaginera qu'elle
étend l'expérience ou qu'elle cultive la mémoire et
on fera le syllogisme : tout ce qui contribue à cultiver la mémoire est utile, or... On fera chercher la
majeure ou la mineure sous-entendue dans un raisonnement, ou bien les conclusions légitimes de
prémisses données. On donnera à apprécier des syllogismes réguliers et irréguliers (corrects et défectueux) et on demandera par où pèchent ces derniers (1). »

Quand on se trompe dans le passage des principes
aux conséquences, c'est généralement parce qu'on
est victime de l'équivoque des termes. Il sera donc
indispensable d'accoutumer aussi les enfants à se
rendre un compte rigoureux de la valeur des mots
qu'ils emploient, à exiger avant toute discussion
l'entente sur la définition de ces mots, puis dans le
cours du raisonnement à n'en pas perdre de vue le
sens précis, de façon à leur conserver toujours la
même étendue. Pascal attachait à cette méthode la

(1) *Cours de psychologie appliquée*, pp. 210-212.

plus grande importance. Il faut, disait-il, « n'omettre aucun des termes un peu obscurs ou équivoques, sans définition ; — n'employer dans la définition des termes que des mots parfaitement connus, ou déjà expliqués; — substituer toujours mentalement les définitions à la place des définis, pour ne pas se tromper par l'équivoque des termes, que les définitions ont restreints » (1).

Mais, de quelque utilité que puisse être l'étude de la Logique et la pratique de tels exercices, il ne faut pas oublier que le but de cette science est moins d'apprendre à raisonner, que de permettre de voir si on a bien ou mal raisonné. Stuart Mill le reconnaît expressément quand il la définit « la science des opérations intellectuelles qui servent à l'*estimation* de la preuve » (2). Aussi, concurremment à la connaissance des règles de la Logique comme à son défaut, rien n'est-il plus propre que l'étude des sciences à former le raisonnement. L'ouvrage de Condillac sur l'*Art de raisonner* est même presque tout en exemples tirés de la géométrie, de la mécanique, de la physique ou de l'astronomie. « Il importe peu, dit ce philosophe, que je vous fasse un traité de l'art de raisonner; mais il importe que vous raisonniez. Cet art vous sera connu, quand vous aurez été suffisamment exercé. »

<hr />

(1) *De l'esprit géométrique*, 2ᵉ fragment. — Voir pour le commentaire de ces règles la *Logique de Port-Royal*, IVᵉ partie, ch. III et suiv.

(2) Voy. St. Mill, *Logique*, t. I, p. 9 et suiv.

Les mathématiques seront le premier de ces exercices. Elles apprennent à *déduire* avec rigueur, à tirer d'un principe toutes les conséquences qu'il renferme, à être difficile aussi sur la preuve et à discerner ce qui est démontré de ce qui ne l'est pas.

En s'instituant contre Hamilton le champion des mathématiques, Stuart Mill (1) a hautement proclamé cette utilité de leur étude comme discipline pour l'esprit. Il les déclare d'abord tout particulièrement

(1) *La Philosophie de Hamilton*, ch. XXVII. — « Comme, dans tous les sujets que discute l'intelligence humaine, dit Bain, on a souvent lieu de recourir au procédé déductif ou démonstratif, considéré par opposition à l'appel direct à l'observation, aux faits ou à l'induction, la connaissance des mathématiques est une excellente préparation à l'emploi de ce procédé. La définition rigoureuse de toutes les idées et de tous les termes principaux, l'énonciation explicite de tous les premiers principes, la marche en avant par voie de déductions successives, dont chacune repose sur une base déjà fermement établie; ni pétition de principe, ni admission de faits sans démonstration, ni changement imprévu de terrain, ni variation dans le sens des termes; telles sont les conditions que suppose le type parfait d'une science déductive. Il faut que l'élève sente bien qu'il n'a rien accepté sans une raison claire et démontrée et qu'il n'a été influencé ni par l'autorité, ni par la tradition, ni par le préjugé, ni par l'intérêt personnel. Telle est, à très peu près, l'impression que produisent des études mathématiques régulières. » (*La Science de l'éducation*, p. 109.) — « Les mathématiques, dit Poinsot, jouissent de ce privilège inappréciable, et sans lequel il serait souvent superflu de les étudier : c'est qu'il n'est pas nécessaire de les savoir actuellement pour en ressentir les avantages, mais qu'il suffit de les avoir bien sues. Toutes les opérations, toutes les théories qu'elles nous enseignent, peuvent sortir de la mémoire, mais la justesse et la force qu'elles impriment à nos raisonnements restent. » — Cf. Herschell, *Discours sur l'étude de la philosophie naturelle*, pp. 15-17.

propres à bien dresser une intelligence, parce
qu'elles l'habituent de bonne heure le plus facilement *à conserver en elle-même un type de preuve
complète.* « On peut et l'on doit, dit-il, élargir ce
type par une grande variété d'études, mais celui qui
ne l'a jamais acquis n'a pas un sentiment juste de la
différence qui sépare le prouvé du non prouvé :
le premier fondement des habitudes scientifiques de
l'esprit n'a pas été jeté. On a longtemps reproché
aux mathématiciens d'être difficiles à convaincre ;
mais on n'est guère propre à la philosophie et aux
affaires de la vie quand on est trop facile à convaincre ; quand on possède un type de preuve trop
inférieur. Les seuls bons esprits sont ceux qui élèvent
haut leur type de preuve. La pratique des choses
concrètes leur apprend à l'abaisser : mais ils gardent la conviction, sans laquelle il n'y a pas de bon
raisonnement pratique, qu'en adoptant cette preuve
incomplète par la raison qu'ils n'en peuvent avoir
de meilleure, ils ne la rendent pas pour cela complète. Ils n'oublient pas ce qui lui manque. »

A ce premier avantage que procurent les études
mathématiques, qui est d'accoutumer l'esprit à demander une preuve complète, et à savoir quand on
ne l'a pas acquise, elles en joignent d'autres immenses ; ainsi *elles l'habituent à la précision.* « Le
mathématicien n'est jamais satisfait d'un *à peu près.*
Il veut la vérité *exacte.* »

Puis, même dans leur forme la plus pauvre et la

plus maigre, elles nous apprennent *à couper un rai-*
sonnement en degrés successifs, et à nous assurer de
la solidité de chaque degré avant de passer outre.
« Quand même la pratique des mathématiques ne
donnerait rien de plus, elle donnerait de la prudence
à l'esprit ; elle nous accoutume à demander des bases
assurées : et si elle ne fait pas de nous de meilleurs
juges des prémisses fondamentales que nous n'étions
auparavant, au moins elle ne nous permet pas de
laisser subsister, à n'importe quel point de jonction
d'un degré avec l'autre, une hypothèse qui n'aurait
pas été préalablement considérée sous forme d'axiome,
de postulat ou de définition. Les mathématiques
partagent cet avantage avec la Logique formelle, et
c'est la raison principale pour laquelle on a pu croire
que cette dernière pouvait en remplir la fonction et
la place. »

Enfin, outre la rigueur qu'elles donnent aux déductions, les mathématiques exigent un certain travail de
l'imagination pour découvrir le moyen terme. Hamilton avait protesté qu'il était loin « de vouloir
rabaisser le génie mathématique qui *invente* des méthodes et des formules nouvelles » ; Stuart Mill riposte : « Quoi donc, Hamilton connaissait-il si mal le
véritable enseignement mathématique pour supposer
que les facultés inventives, dont la plus haute expression constitue le génie mathématique, ne sont pas
évoquées et mises en jeu dans les leçons qu'on donne
même au commençant ? Quelle sorte d'instruction

mathématique est celle dont la solution des problèmes
ne fait pas partie?... S'est-il réellement figuré que
résoudre ces problèmes, ce n'était pas découvrir des
prémisses? Il semble vraiment que, pour lui, apprendre
les mathématiques, ce soit s'en bourrer l'esprit.
Croyait-il qu'un professeur de mathématiques résout
toutes les équations lui-même et ne demande à son
élève que d'en suivre les solutions? En effet, dans
chaque problème que l'élève résout de lui-même,
dans chaque théorème qu'il démontre, s'il n'en a pas
eu d'avance la solution ou la démonstration, il exerce
les mêmes facultés qui, lorsqu'elles atteignent leur
plus haut degré, produisent les plus grandes découvertes en géométrie. »

Mais Stuart Mill, qui fait si excellemment ressortir
la valeur logique des mathématiques, a bien vu
qu'à elles seules elles ne constituent pas un système
d'éducation suffisant pour l'esprit; qu'il est des
genres importants de culture intellectuelle que leur
étude ne favorise pas, auxquels elle est même préju-
diciable si on la poursuit à l'exclusion des études qui
peuvent les développer.

Et d'abord elle risque de fausser l'esprit, en con-
duisant « les hommes à faire consister leur idéal
scientifique à dériver toute connaissance d'un petit
nombre de prémisses axiomatiques, acceptées comme
évidentes par elles-mêmes, et prises pour des intuitions immédiates de la raison. C'est ce que Descartes
cherche à faire, et ce qu'il a prescrit comme un

devoir... Descartes est le type le plus complet que l'histoire nous présente de l'esprit purement mathématique, de cet esprit dans lequel les tendances produites par la culture des mathématiques règnent sans contrepoids. On le voit non seulement dans l'abus de la déduction, qu'il pousse à un point où n'avait atteint aucun autre penseur éminent connu, sans excepter les scolastiques ; mais on le voit plus encore dans le caractère des prémisses d'où partent ses déductions »...

En outre, le mathématicien, habitué à ne considérer que les conditions idéales et non matérielles des choses, est porté à trop *simplifier*. Aussi, quand il applique à l'étude des phénomènes naturels et sociaux la rigidité de ses raisonnements, il tombe nécessairement dans l'erreur (1) ou incline vers l'utopie (2).

(1) « Le mathématicien, dit Spencer (*La Science sociale*), a toujours affaire à des phénomènes dont les éléments sont peu nombreux et bien définis. Les problèmes les plus complexes le sont toujours beaucoup moins que ceux des sciences concrètes. Mais, quand il s'occupe de ceux-ci, il ne peut s'empêcher de raisonner comme il en a pris l'habitude ; en traitant les questions des sciences concrètes, il ne prend qu'un petit nombre de facteurs, leur attribue implicitement une détermination qu'ils n'ont pas, et procède d'après la méthode mathématique pour tirer une conclusion positive de ces données, comme si elles étaient déterminées et exactes. — De là cette vérité, dont on voit tant d'exemples, que, dans les matières contingentes, les mathématiciens sont mauvais raisonneurs. »

(2) « Toutes les utopies antisociales, constate A. Comte, ont trouvé de nombreux et actifs partisans chez les élèves les mieux dominés par une éducation mathématique. » (*Cours pˢ phi. positive*, t. VI, p. 600.)

De tels phénomènes sont trop complexes pour rentrer dans ses formules ; et seul l'esprit est apte à les connaître qui, avec un vif sens de la réalité, sait, à défaut de certitude, se contenter de la probabilité. Or, « les sciences abstraites, en général, et les sciences mathématiques, en particulier, ne sont d'aucun secours pour l'évaluation des probabilités opposées, c'est-à-dire pour le genre de sagacité que réclament les affaires ; il en résulte que lorsqu'on s'occupe de ces sciences d'une manière assez exclusive pour empêcher l'esprit d'acquérir la pratique des affaires par d'autres moyens, on s'en trouve plus mal que si on ne les avait pas cultivées du tout ; elles empêchent de l'acquérir, et *pro tanto* rendent l'homme impropre à la conduite de la vie. Il est naturel que les gens qui sont de mauvais juges de la probabilité soient, selon leurs dispositions natives, ou crédules à l'excès ou sceptiques déraisonnables »...

Avant Stuart Mill, d'Alembert a reconnu l'abus que l'on peut faire de l'esprit mathématique, et il conseillait de le corriger par ce qu'il appelle *l'esprit de conjecture*, « plus admirable quelquefois, dit-il, que l'esprit même de découverte, par la sagacité qu'il suppose dans celui qui en est pourvu, par l'adresse avec laquelle il fait entrevoir ce qu'on ne peut parfaitement connaître, suppléer par des *à peu près* à des déterminations rigoureuses, et substituer, lorsqu'il est nécessaire, la probabilité à la démonstration, avec les restrictions d'un pyrrhonisme raisonnable.

— L'art de conjecturer est une branche de la Logique aussi essentielle que l'art de démontrer... Pour acquérir cette qualité précieuse de l'esprit, deux choses sont nécessaires : s'habituer aux démonstrations rigoureuses et ne pas s'y borner. Ce n'est qu'en s'accoutumant à reconnaître le vrai dans toute sa pureté, qu'on pourra distinguer ensuite ce qui en approchera plus ou moins, et la seule chose qu'on ait à craindre, c'est que l'habitude trop grande et trop continue du vrai absolu et rigoureux n'émousse le sentiment sur ce qui ne l'est pas ; des yeux ordinaires, trop habituellement frappés d'une lumière vive, ne distinguent plus les gradations d'une lumière faible et ne voient que des ténèbres où d'autres entrevoient encore quelque clarté. L'esprit qui ne reconnaît le vrai que lorsqu'il en est directement frappé est bien au-dessous de celui qui sait non seulement le reconnaître de près, mais encore le pressentir et le remarquer dans le lointain à des caractères fugitifs... Le seul moyen d'exercer avantageusement l'un et l'autre, et de les faire marcher comme d'un pas égal, est de ne pas borner ses recherches aux seuls objets susceptibles de démonstration ; de conserver à l'esprit sa flexibilité, en ne le tenant point toujours courbé vers les lignes et les calculs, et en tempérant l'austérité des mathématiques par des études moins sévères ; de s'accoutumer enfin à passer sans peine de la lumière au crépuscule » (1).

(1) *Éléments de philosophie*, ch. v, Logique.

D'ailleurs, le raisonnement déductif n'est pas tout le raisonnement; et si les mathématiques apprennent à déduire, « la partie expérimentale de la physique, la chimie et la physiologie tout entière nous présentent la méthode expérimentale et la méthode inductive dans toute sa pureté.

« C'est dans ce vaste champ scientifique surtout que nous pouvons apprendre quelles précautions sont nécessaires pour arriver à la vérité par la voie de l'observation et de l'expérience. Dans les sciences que nous venons de citer, la constatation d'un fait isolé, auquel les ignorants n'attacheraient aucune importance, devient un travail sérieux... A la détermination des faits se joint la généralisation par induction, travail dont ces sciences nous offrent les meilleurs modèles. C'est par leur étude plus que par toute autre que nous apprendrons à réprimer la tendance naturelle de notre esprit à trop généraliser. L'histoire des découvertes de la physique est un avertissement perpétuel contre les généralisations trop précipitées, et la Logique des sciences expérimentales nous fournit les exemples et les règles à suivre pour arriver à la vérité » (1).

Maudsley développe bien les avantages que l'étude de ces sciences procure à l'esprit : « On ne niera pas, dit-il, qu'un grand nombre de personnes sont tout à fait incapables d'attention soutenue, d'observation exacte et de raisonnement juste. Elles sont inca-

(1) Bain, *ouv. cité*, pp. 113-114.

pables de saisir nettement un problème et d'y appliquer leur attention ; elles usent des mots sans y
attacher un sens défini ; elles nourrissent des
croyances sans comprendre la vraie signification de
ce qu'elles affirment ; elles s'égarent en discours inco-
hérents sur les sujets qu'elles tentent de discuter ;
elles croient selon leurs craintes, selon leurs affections, selon leurs intérêts et prennent des préjugés
ou de vagues sentiments pour des convictions solidement fondées. Or, ce sont là des défauts intellec-
tuels que n'a pas à redouter celui qui s'applique à
acquérir une connaissance suffisante des sciences
physiques. Dans ce travail, il lui faut concentrer son
attention, saisir clairement la signification des
termes, soumettre avec humilité et persévérance
son intelligence aux faits, et franchir avec patience
les degrés successifs par lesquels les résultats ont
été obtenus. Il ne parvient à savoir qu'autant qu'il est
l'humble ministre et l'honnête interprète de la nature
où qu'il marche sur les traces de ceux qui, ayant été
heureusement l'un et l'autre, ont formulé la science.
Pour peu que, dans son étude, il dévie de la vraie
méthode, sa connaissance est imparfaite ou erronée.
Cela étant, il semble que, bien évidemment, rien
n'est plus propre à fortifier et à développer les facultés intellectuelles, car l'étude des sciences naturelles
ne donne pas seulement la connaissance de faits particuliers, elle fait contracter à l'esprit une habitude
précieuse, l'habitude d'observer avec soin et de rai-

sonner avec rigueur, qui lui servira dans toutes les autres recherches. L'avantage n'est pas seulement dans le pouvoir résultant d'un plus grand savoir, mais dans un pouvoir plus grand d'acquérir du savoir (1). »

L'étude des sciences physiques considérée comme instrument d'éducation présente une autre utilité. « Elle prépare, dit Huxley, l'élève pour la vie commune. Qu'avons-nous à faire dans la vie de chaque jour? Il s'agit, le plus souvent, de faits qu'il faut d'abord bien observer ou bien comprendre (2), et qu'il faut ensuite interpréter à l'aide de raisonnements par induction ou par déduction, en tout semblables aux raisonnements scientifiques. Ce que l'on admet, dans un cas comme dans l'autre, est admis à nos risques et périls, les faits et la raison ont le dernier mot ; et c'est au moyen de l'honnêteté et de la patience qu'on se tire de toutes les difficultés. »

Mais, continue Huxley, pour procurer de tels résultats, l'éducation scientifique doit être *pratique*

---

(1) *Le Crime et la Folie* (Paris, F. Alcan), pp. 286-287. — Cf. Spencer, *De l'éducation intellectuelle, morale et physique* (Paris, F. Alcan), ch. 1. — Berthelot, *la Science éducatrice* (Revue des Deux Mondes*, 15 mars 1891), — et Fouillée, *les Études classiques et la Démocratie*, p. 77 et suiv.

(2) L'étude des sciences physiques et naturelles est, pour cette cause, un excellent correctif à apporter aux illusions de l'imagination. « Le monde réel ne ressemble point au monde des poètes et des romanciers. Sachons le voir tel qu'il est, et réglons notre conduite sur cette vue. Point de vaines rêveries; terre à terre, pratique et positif, voilà ce qu'est le monde. » (Balmès.)

« En expliquant à l'enfant les phénomènes généraux de la nature, il faut, autant que possible, donner une réalité à votre leçon en lui mettant sous les yeux les objets que vous voulez lui faire connaître. Si vous lui enseignez la botanique, il faut lui mettre les plantes dans les mains, il faut lui faire disséquer les fleurs; si vous lui enseignez la physique, la chimie, cherchez plutôt à lui faire apprendre par lui-même qu'à lui remplir la tête de connaissances nouvelles. Dites-lui surtout qu'il a pour devoir de douter, jusqu'à ce que l'autorité absolue de la nature l'ait contraint à reconnaître la vérité de ce qui est écrit dans les livres. Si vous savez poursuivre soigneusement et en toute conscience cette discipline mentale, croyez que vous avez créé dans l'esprit de l'enfant une habitude intellectuelle d'une immense valeur dans la vie pratique, quelque peu nombreuses que soient les connaissances que vous lui avez données.»

A quel âge commencer cette éducation scientifique? « Aux premières lueurs de l'intelligence, répond le savant naturaliste. Dès qu'il commence à parler, l'enfant demande des renseignements sur la matière des sciences physiques (1). La première leçon dont il

(1) Les *pourquoi* de l'enfant, dit Preyer (*ouv. cité*, p. 461), qui deviennent souvent insupportables aux parents ou au maître, ont leur raison d'être, et l'on ne devrait pas, comme cela arrive malheureusement trop souvent, ne pas les écouter, n'y pas répondre avec intention, ou encore y répondre d'une façon erronée, volontairement. Dès le début, j'ai fourni à chacune des questions de mes fils une réponse intelligible et non contraire à la vérité, et j'ai remarqué qui

éprouve le besoin se rapporte aux objets, quels qu'ils soient, qui lui tombent sous la main et l'entourent; dès qu'il est capable de recevoir une instruction systématique quelconque, il est capable de recevoir les premiers rudiments de la science (1). »

Remarquons néanmoins qu'une culture exclusive de l'esprit par les sciences physiques et naturelles ne serait pas à son tour sans inconvénient : en l'asservissant trop au culte des faits positifs, elle l'empêcherait de prendre pleine conscience de sa force et d'avoir en lui-même toute la confiance nécessaire. Aussi les études devront-elles être combinées de telle sorte que les deux facultés discursives se développent à la fois chez l'enfant par le juste emploi qu'on

plus tard, dans les cinquième et sixième années, et particulièrement dans la septième, les questions sont toujours plus intelligentes, parce que le souvenir des réponses passées est conservé. Si l'on ne répond pas à l'enfant ou si on lui répond par des plaisanteries et des choses inexactes, il n'y a pas à s'étonner si, même lorsqu'il se trouve bien doué, il pose des questions sottes et niaises, et pense d'une façon illogique, ce qui arrive difficilement quand on répond correctement à ses questions, et quand on redresse ses notions, comme elles doivent l'être; sans compter que les réponses inexactes créent une disposition à la superstition. La seule fable que j'aie laissé croire à mon fils est celle de la cigogne qui apporte les enfants. » — Le Dr Bernard Munz juge même superflu ce conte auquel Preyer laisse ajouter foi son petit garçon : « Peut-il s'étonner, écrit-il (loo. cit., p. 53), que ce conte se heurte tôt ou tard à l'intelligence des enfants précoces? Quant à moi, je trouve très compréhensible l'étonnement avec lequel une petite fille, âgée de trois ans et demi, désignant un éléphant géant, dit à sa mère : « Dis donc, est-ce que c'est aussi la cigogne qui l'a apporté? »

(1) *Les Sciences naturelles et l'Éducation*, pp. 144-147.

l'habituera à faire du raisonnement *a priori* ou déductif et de l'expérience.

Au reste, ce n'est pas seulement en mettant à pro-
fit les diverses sciences dont nous avons parlé jusqu'ici, c'est à propos de *tout ce qu'il enseigne à l'enfant* que le maître l'instruira à raisonner. « Il n'y a
pas de sujet d'étude qui, dans les mains d'un maître
intelligent et actif, ne puisse contribuer à ce résultat. Ainsi l'étude de la *géographie physique* devrait
être une occasion d'exercer l'enfant à raisonner sur
les causes des phénomènes naturels. L'*histoire*, de
son côté, lorsqu'elle est bien enseignée, peut développer chez l'élève la faculté de saisir les analogies,
de trouver la raison des événements, par exemple
les motifs de telle ou telle action, de peser des arguments pour et contre, afin de décider ce qui est pro-
bable, juste ou sage, dans des circonstances données (1). »

L'étude grammaticale des langues le plus logiquement construites ne sera pas d'un moindre secours.
« Les deux grammaires grecque et latine, écrit
M. Thamin résumant Stuart Mill, ont quelque chose
d'éternel, étant l'analyse même des procédés de l'esprit. Dans aucune autre les formes du discours ne
s'adaptent mieux ni se subordonnent aussi exacte-
ment aux formes de la pensée. Elles seules sont
ainsi faites qu'une faute de logique est aussitôt
soulignée et accusée par une faute de langue.

(1) J. Sully, *Éléments de psychologie.*

Elles seraient donc à elles seules une discipline (1). »

Même *les études purement littéraires* apprendront à l'enfant à réfléchir et à discuter, tout en lui donnant plus de finesse et de pénétration. C'était l'opinion de Descartes (*Discours de la méthode*, 1re partie.). « Il est, a dit Cuvier, plus nécessaire qu'on ne croit, pour apprendre à bien raisonner, de se nourrir des ouvrages qui ne passent d'ordinaire que pour être bien écrits. En effet, les premiers éléments des sciences n'exercent peut-être pas assez la logique, précisément parce qu'ils sont trop évidents ; et c'est en s'occupant des matières de la morale et du goût qu'on acquiert cette finesse de tact, qui conduit seule aux grandes découvertes. »

La connaissance d'une littérature étrangère ajoutera aux précédents avantages. « La pratique de la version nous force à détacher nos idées de nos mots, à les considérer en elles-mêmes, à faire le tour de chacune d'elles. Puis il est bon de connaître quelque chose de différent de soi. Regardez ce jeune homme qui ne s'est jamais éloigné de son cercle de famille, il ne suppose pas l'existence d'autres opinions, d'autres façons de penser que celles des siens, ou les rejette avec horreur comme des monstruosités. Nous sommes menacés d'une étroitesse d'esprit analogue si nous ne sortons pas de notre littérature nationale » (2).

(1) *Education et Positivisme*, p. 135 (Paris, F. Alcan).
(2) Thamin, *ibid*.

Enfin, en même temps qu'elle affermira la raison et assurera la liberté d'esprit des élèves qui pourront s'y livrer, la *philosophie* développera au plus haut point chez eux *l'esprit de conjecture* (1). « On ne

(1) Il est bien vrai, lit-on dans les *Instructions, Programmes et Règlements de l'enseignement secondaire*, au sujet des services rendus par l'enseignement de la philosophie, que « les lettres développent les facultés logiques. La grammaire est déjà par elle-même toute une logique ; l'éloquence en est une autre. Dans les exercices les plus modestes, la version par exemple, tout le monde sait que la difficulté la plus grande est de saisir la suite des idées. Il y a donc incontestablement une logique littéraire, mais toujours mêlée à la forme littéraire, c'est-à-dire aux formes de l'imagination et de la sensibilité. Il faut quelque chose de plus : pour fortifier complètement l'esprit, il faut développer les facultés logiques en elles-mêmes et pour elles-mêmes. Il faut mettre les jeunes esprits en présence des idées abstraites, leur apprendre à les manier et à se diriger conformément aux lois de l'esprit : c'est l'office de la philosophie. — D'un autre côté, les facultés logiques et discursives trouvent sans doute déjà leur application précise et particulièrement utile dans les sciences. C'est précisément dans l'intérêt de ces facultés que nous mêlons les sciences avec les lettres. Mais d'abord, dans les sciences proprement dites, ces facultés ne s'exercent que sur des matières spéciales et techniques qui ne sont qu'une portion de la connaissance humaine en général, et non pas celle qui occupe la plus grande place dans la vie. En outre, ces facultés sont soutenues dans les sciences par des méthodes d'un caractère tellement exact et tellement précis que l'erreur y est par là rendue très difficile et que, lorsqu'elle se produit, elle est presque immédiatement dévoilée, soit par les expériences, soit par les signes du calcul. C'est ce qu'exprimait le philosophe Hamilton sous cette forme paradoxale et exagérée, mais qui recouvre une pensée vraie : « L'art de raisonner juste ne peut être enseigné par une méthode où il n'y a pas de raisonnement faux. On n'apprend pas à nager dans l'eau par un exercice préalable dans un réservoir de vif-argent. » Les questions que l'homme a à résoudre dans la vie ne sont pas de cet ordre et ne se résolvent pas

saurait croire, dit Rollin, combien cette sorte d'étude est propre à donner aux jeunes gens une force, une justesse, une pénétration d'esprit qui les conduisent peu à peu à entendre et à débrouiller les questions les plus abstraites et les plus embarrassées » (1).

Aux moyens que nous avons envisagés de cultiver la justesse de l'esprit et de le garantir de l'erreur par une observation scrupuleuse des règles de la Logique déductive et inductive, nous croyons qu'il est bon de joindre un aperçu sur les précautions à prendre contre les surprises du cœur et contre les préjugés.

Kant prescrivait, quand on craint d'être dupe de ses sentiments dans les questions où l'on est engagé,

par les mêmes méthodes. Questions de droit ou d'équité, questions de conduite morale ou de conduite politique, question de l'éducation des enfants, du choix des amis, questions sociales, toutes ces questions qui sont le fond de la vie civilisée se rapprochent beaucoup plus, soit pour les notions, soit pour les méthodes, des questions que l'on traite en philosophie que de celles des sciences exactes et positives. Toutes les grandes discussions qui ont eu lieu parmi les hommes, sauf les intérêts pratiques et techniques, celles qui séparent les peuples, qui divisent les classes, qui sont l'objet des débats dans les assemblées politiques, dans les assemblées communales, dans les conseils pédagogiques, couvrent toutes un fond de philosophie et ne peuvent se traiter que par l'analyse des idées, appuyée sans doute sur l'observation, mais sur une observation qui n'a pas la rigidité absolue des observations astronomiques ou chimiques, et aussi par le raisonnement, mais par un raisonnement qui ne peut devenir un calcul et qui même ne se rapproche de la rigueur du calcul qu'au détriment de la vérité. »

(1) *Traité des études*, liv. VII, art. II. — Cf. Fouillée, *l'Enseignement au point de vue national*, p. 330 et suiv.

de se demander *ce que penseraient les autres à notre place* (1), principalement ceux dont nous estimons le plus le caractère et les lumières. Balmès exprime admirablement un conseil analogue : « Que celui, dit-il (2), qui cherche et veut posséder la vérité s'étudie et se possède d'abord lui-même ; qu'il se recueille souvent devant sa conscience, et dise : Ton âme n'est-elle troublée par aucune passion ? Ne cache-t-elle point dans ses replis une affection secrète qui la domine à son insu ? Tes pensées, tes jugements, tes conjectures, ne les formes-tu point sous l'influence d'une impression récente qui, modifiant tes sentiments, modifie aussi la forme, la couleur, l'apparence des choses ? Penses-tu, vois-tu depuis longtemps de la même manière ? N'est-ce point depuis hier que tu penses, que tu vois ainsi ; depuis un instant peut-être ; depuis qu'un événement favorable ou contraire a changé ta fortune ? De plus grandes lumières, de nouvelles preuves te sont-elles acquises ou seulement des intérêts nouveaux ? Où s'est fait le changement ? Dans ta raison ? ou dans tes désirs ? Les jugements que tu portes te paraissent infaillibles aujourd'hui ; en te plaçant dans une situation différente, dans un autre temps, jugerais-tu de la même manière ? — L'on peut m'en croire ; cette méthode est à la portée de chacun. Il n'en est pas de meilleure pour diriger

(1) *Logique*, trad. Tissot, p. 81 (Paris, F. Alcan
(2) *L'Art d'arriver au vrai*, ch. XIX, § v, et chap. XXII
XLVII.

l'entendement et régler la conduite. Quelquefois, il
est vrai, les passions s'exaltent jusqu'à pervertir la
raison; l'homme est alors sous l'empire d'une sorte
d'aliénation mentale; les règles seraient inutiles.
Mais tel n'est point l'effet ordinaire des passions; le
plus souvent elles ne font qu'offusquer l'intelligence;
il reste au fond de notre âme une lumière affaiblie et
vacillante, mais qui ne s'éteint pas. L'éclat de cette
lumière se proportionne à notre vigilance; et, malgré
les plus épaisses ténèbres, au plus fort de la tempête,
elle est comme un phare de vérité qui nous indique
le port si nous avons appris à réfléchir, à douter de
nous-mêmes, à ne point regarder des élans du cœur,
des feux follets, comme des guides qui puissent
suppléer à la raison et nous montrer la route. »

Comme corollaire, Balmès recommande de « s'abs-
tenir de toute délibération et suspendre tout jugement sur un objet lorsque cet objet nous passionne.
Sommes-nous sous l'empire de la colère: un mot,
un geste, un fait insignifiant font déborder la coupe:
« Non seulement on a l'intention de nous blesser,
« mais on joint l'insulte au mal que l'on nous fait.
« Le sang peut seul laver un tel affront: sans
« doute, il faut savoir se contenir et pardonner; mais
« l'honneur a ses exigences! sans doute, il faut être
« prudent; mais se laisser fouler aux pieds, est-ce
« là ce qu'on appelle prudence. » Ainsi raisonne la
colère. Que si l'on nous dit: la colère ne raisonne
pas; erreur! La colère raisonne, car elle subjugue

l'intelligence et la force à servir ses intérêts ; et les services qu'elle en reçoit, elle les lui rend à son tour avec usure. On sait quelle énergie les passions donnent à l'esprit, et les ressources imprévues que l'esprit déploie sous leur inspiration. Que la colère tombe, et l'échafaudage de raisonnements qu'elle avait élevé s'écroulera de lui-même ; ce qui prouve que cette passion nous cachait la vérité. Jugerons-nous de même après qu'avant ? Si notre cœur est droit, peut-être nous verra-t-on reconnaître avec franchise notre erreur devant cet homme, dont tout à l'heure nous demandions la vie. »

Ces prescriptions et ces remarques ne dépassent assurément pas l'intelligence des enfants, et l'on aura soin, par conséquent, de leur en inculquer l'esprit.

Quant à l'amour-propre et à l'intérêt, qui, dans certaines circonstances, contribuent à les égarer, on devra les mettre à même d'en reconnaître l'influence, les habituer à en faire sur le champ le sacrifice et à rechercher sans parti pris ou accepter sans répugnance la vérité. Que la *sincérité* soit leur vertu, et aussi la *modestie*, qui les garantira contre les erreurs où la présomption entraîne.

C'est à leur *volonté* qu'il faudra faire appel en ces cas pour contenir l'amour-propre et subordonner les passions à la raison, pour assagir l'intelligence et lui laisser le sang-froid nécessaire. Vouloir sincèrement se préserver de l'erreur ou s'en guérir, apporter à cette tâche une attention patiente et soutenue, et, s'il le faut, suspendre, provisoirement du moins, son jugement, afin de laisser aux objections et aux motifs de doute le temps de se produire, voilà ce qui est au pouvoir de tous. Aussi Malebranche exigeait-il de l'esprit deux vertus principales, la force et la liberté. « Par l'usage qu'on fait de la force de son esprit, disait-il, on découvre la vérité, et par l'usage qu'on fait de la liberté de son esprit on s'exempte de l'erreur. »

Conserver intacte chez les enfants cette liberté de penser, en les exerçant de bonne heure à se former une opinion personnelle, au lieu de répéter des jugements tout faits, telle doit être l'application constante des parents et des maîtres. « Penser d'après soi-même, a dit Guénard (1) : caractère plein de force et de grandeur ; qualité la plus rare peut-être et la plus précieuse de toutes les qualités de l'esprit. Qu'on y réfléchisse ; on verra que tous les hommes, à la réserve d'un petit nombre, pensent les uns d'après les autres, et que leur raison tout entière est en quelque sorte composée d'une foule de jugements qu'ils ramassent autour d'eux. C'est ainsi que les opinions bizarres des peuples, les dogmes souvent absurdes de l'école, l'esprit des corps avec tous ses préjugés, le génie des sectes avec toutes ses extravagances, se perpétuent d'âge en âge, et ne meurent presque jamais avec les hommes ; parce que toutes

(1) *Discours sur l'esprit philosophique.*

ces idées, en sortant de l'âme des vieillards et des maîtres, entrent aussitôt dans celle des enfants et des disciples, qui les transmettent de même à leurs crédules successeurs. Oui, je le répète : juger par ses propres yeux, être l'auteur véritable de ses pensées, c'est une qualité singulière et qui prouve la supériorité de l'intelligence. Rien de plus commun que le défaut opposé. » Efforçons-nous d'en affranchir l'enfant, en l'incitant toujours à juger librement, quittes à rectifier par des explications claires et nettes les erreurs qu'il pourra commettre. Plus tard, si l'insuffisance de ses lumières l'oblige à recourir à celles d'autrui, sa soumission sera intelligente. Il n'abdiquera jamais son droit d'examen.

En somme, l'enfant qui aura été exercé aux règles de la Logique, mieux encore, qui aura été préparé par l'étude des sciences à procéder partout avec la rigueur de leurs méthodes et mis, par une surveillance sévère de lui-même, à l'abri des influences morales propres à troubler son intelligence, échappera sans peine aux causes d'illusion qui font errer un grand nombre d'hommes. Instruit à pratiquer la recherche méthodique du vrai, il ne saurait manquer d'y atteindre.

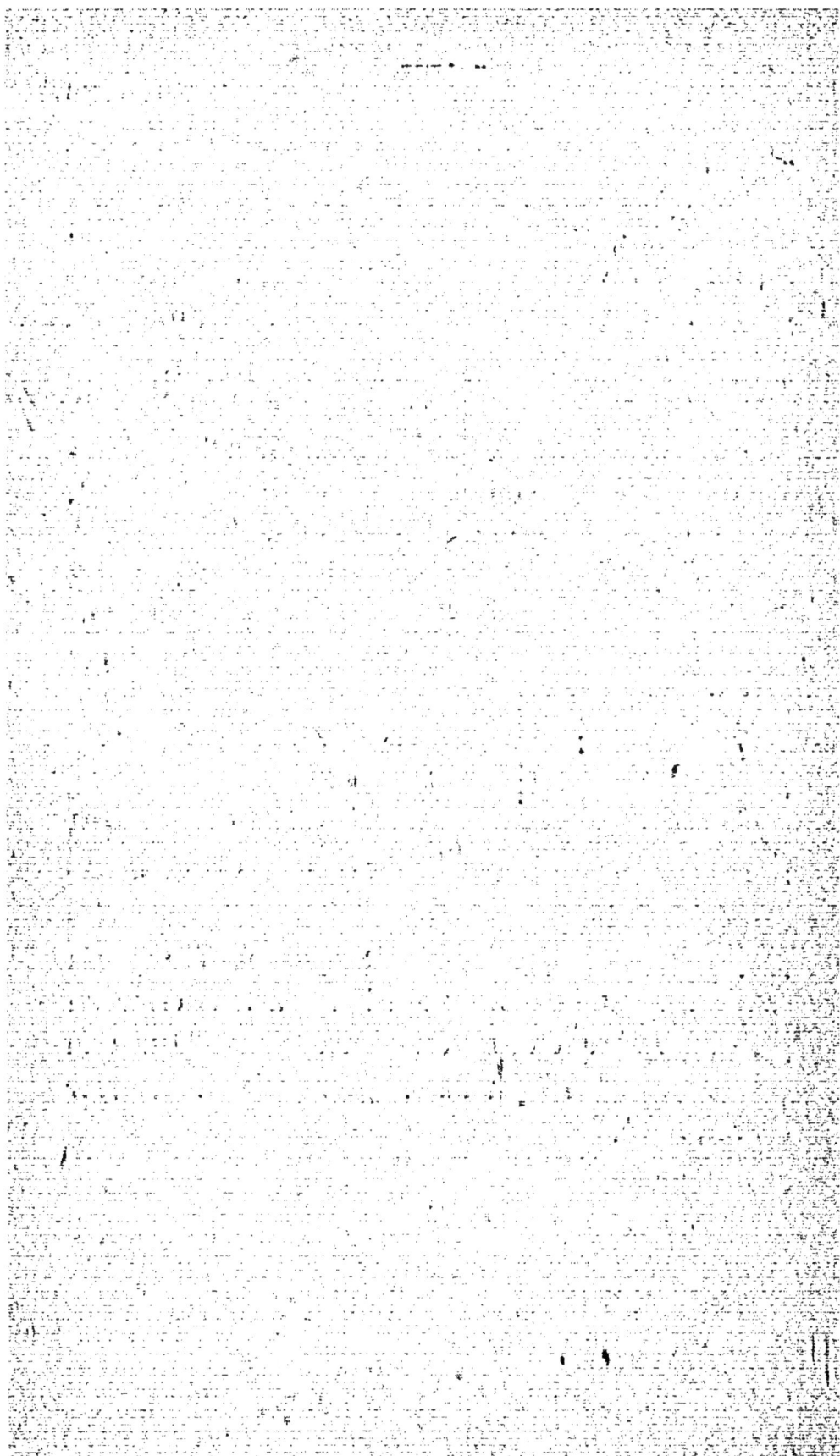

TABLE DES MATIÈRES

LIBRAIRIE FÉLIX ALCAN

OUVRAGES CITÉS DANS LE PRÉSENT LIVRE

Bain. *La science de l'éducation.* 1 vol. in-8 cart., 6 fr.

Baldwin. *Le développement mental chez l'enfant et dans la race.* 1 vol. in-8, 7 fr. 50.

Charlton Bastian. *Le cerveau et la pensée.* 2 vol. in-8 cart., 12 fr.

Godfernaux. *Le sentiment et la pensée.* 1 vol. in-8, 5 fr.

Hoffding. *Esquisse d'une psychologie fondée sur l'expérience.* 1 vol. in-8, 7 fr. 50.

Kant. *La logique.* 1 vol. in-8, 6 fr.

Malebranche. *De la recherche de la vérité,* liv. II (de l'Imagination), avec notes, par Pierre Janet.

Maudsley. *Le crime et la folie.* 1 vol. in-8 cart., 6 fr.

Mill (Stuart). *Système de logique déductive et inductive.* 2 vol. in-8, 20 fr.

— *Mes mémoires.* 1 vol. in-8, 5 fr.

— *La philosophie de Hamilton.* (Epuisé.)

Paulhan. *Esprits logiques et esprits faux.* 1 vol. in-8, 7 fr. 50.

Pérez (Bernard). *Les trois premières années de l'enfant.* 1 vol. in-8, 5 fr.

— *L'enfant de trois à sept ans.* 1 vol. in-8, 5 fr.

— *L'éducation intellectuelle dès le berceau.* 1 vol. in-8, 5 fr.

Preyer. *L'âme de l'enfant.* 1 vol. in-8, 10 fr.

Ribot. *L'évolution des idées générales.* 1 vol. in-8, 5 fr.

— *La psychologie anglaise contemporaine.* 1 v. in-8, 7 fr. 50.

— *La psychologie des sentiments.* 1 vol. in-8, 7 fr. 50.

Séailles. *Essai sur le génie dans l'art.* 1 vol. in-8, 5 fr.

Spencer (Herbert). *De l'éducation intellectuelle, morale et physique.* 1 vol. in-8, 5 fr.

Sully (James). *Etudes sur l'enfance.* 1 vol. in-8, 10 fr.

— *Les illusions des sens et de l'esprit.* 1 vol. in-8 cart., 6 fr.

Thamin. *Education et positivisme.* 1 vol. in-12, 2 fr. 50.

Thomas. *La suggestion, son rôle dans l'éducation.* 1 vol in-12, 2 fr. 50.

Whitney. *La vie du langage.* 1 vol. in-8 cart., 6 fr.

Revue philosophique, dirigée par Th. RIBOT, mensuelle. le n° 3 fr.

22-10-02 — Tours, Imp. E. Arrault et Cⁱᵉ.

Documents manquants (pages, cahiers...)
NF Z 43-120-13

www.ingramcontent.com/pod-product-compliance
Lightning Source LLC
Chambersburg PA
CBHW052054090426
42739CB00010B/2175